女神信仰と日本神話

吉田敦彦

青土社

女神信仰と日本神話　目次

第3章　アマテラス大御神に見る日本人の憧憬の化身　89

女神信仰と日本神話

第一章　縄文時代の宗教の中心だった地母神の信仰

1　地母神を表わした土偶

弥生時代に先立ってわが国には、約一万年もの長い期間にわたって、縄文文化と呼ばれている先史文化の時代がありました。この時代の人々の信仰を考えてみようとする場合に、重要な手掛かりを与えてくれると思われる遺物として、土器と共に、「土偶」と呼ばれている、粘土を捏ねて焼いて作った素焼きの人形があります。この土偶を作ることは縄文時代のもっとも古い時期である「早期」の初頭にすでに始まっていました。だが早期とそれに続いて約七〇〇〇年前に始まったとされている次の時期の「前期」には、土偶はまだ作られる数も少なく、形もすべてが単純で、大きさも高さが一〇センチ以下の小さなものばかりで、同時代に作られた土器と比べても、明らかにかなり粗雑な作られ方をしていました。ただもっとも古いものの一つだとされている、茨城県北相馬郡利根町の花輪台貝塚から発見された早期の初頭の土偶を見ると（図1）、両方の乳房が異常なほど大きく表わされている上に、下腹部もはっきり丸みを帯びて膨らんだ形をしています。そしてこのように女性の像で、乳房や下腹部また女性器など、子どもを妊娠し産んで育てる働きと関係する体の部分が、はっきり表現されているという特徴は、早期と前期に作られた他の土偶にも共通して見られるので、土偶は縄文時代の始めから、子どもを妊娠し産んで育てる母の働きをする女性を表わすものとして、作られていたことが分かります。

土偶が母の機能を果たす女性を表わした像であることは、約五〇〇〇年前から始まったとされている縄文時代の「中期」になると、ますますはっきりしてきます。中期に作られた土偶の中には、腹が大きく膨れて、はっきり妊娠している状態を表現しているものが多く、それだけでなく出産中の姿を表わしたものや、さらに東京都八王子川口町の宮田遺跡から出土した例に見られるように、赤子を抱いて乳を飲ませているものまであるからです。これらの例からも分かるように、中期には土偶は前期までと違って、形がさまざまに複雑化して多様になります。そしてサイズも急に大型化して、高さが三〇センチを超すものまで作られるようになり、作られる数も前期までとは比較にならないほど多くなります。このことから前期の末から中期の始めの時期を境にして、土偶が人々の生活の中で持っていた意味に、何か重大な変化があったことが、明らかと思われるのです。

図1　茨城県花輪台貝塚から発見された縄文時代早期の土偶（(『古代史発掘3 土偶芸術と信仰』講談社より）

ところで縄文時代の中期にこのように、とつぜん大量に作られるようになってサイズも大型化し、形も複雑になり多様化した土偶について、一つの奇妙に思われることがあります。同じ時期に作られた土器と違って土偶はなぜか、完全な形のままで発見されることが、ほとんどありません。きわめてまれな例外を除けば、すべてが破壊され断片になった状態で出土しています。また同じ場所で土の中から発見された破片を集めてつなぎ合わせても、もとの完全な形が復元できることもほとんどないのです。たとえば山梨県の東山梨郡勝沼町と東八代郡一宮町にまたがる釈迦堂遺跡からは、一〇〇〇点を超える夥しい数の土偶が出土したにもかかわらず（図2）、完全な形の土偶は一点も発見されませんでした。またこれらの破片をどうつなぎ合わせても完全な土偶を復元することはできませんでした。このことから縄文時代の中期には人々は、前期までとは違がって、入念に手をかけて作られるようになっていた土偶を、わざわざ苦労して作っておきながら、最後にはすべて壊してしまっていたと思われるのです。そして壊した土偶の破片を分けて、それぞれを離れた別々の場所に持って行っていたのではないかと、想定できるわけです。

図2　山梨県釈迦堂遺跡から発掘された夥しい数の土偶の破片（縄文時代中期）（山梨県立考古博物館編『土偶　一千の女神が語る縄文時代の祈りとくらし』より）

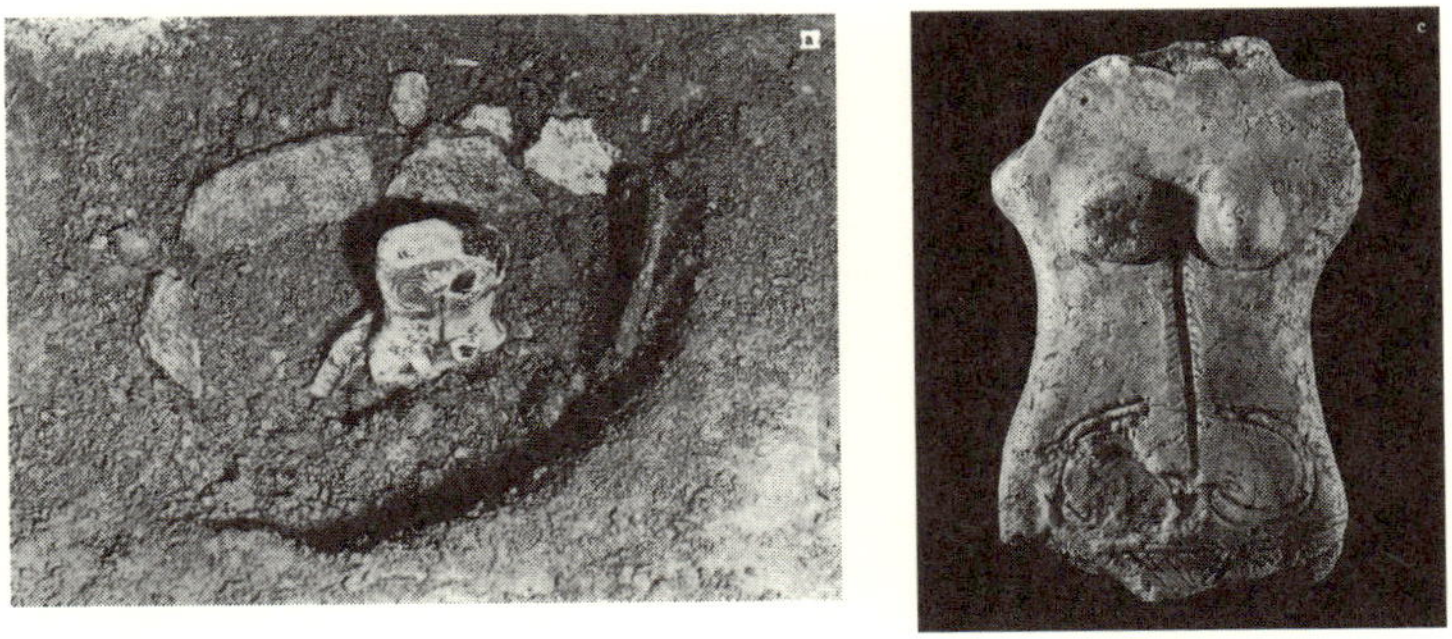

図３　新潟県栃倉遺跡で発掘された土偶の破片の一つ（右）とその出土状況（左）（縄文時代中期）（『古代史発掘３　土偶芸術と信仰』講談社より）

当時の土偶が、最後に破壊されることを目的にして、そのために作られていたということは、釈迦堂から出土した土偶の製作のされ方からも、はっきりと確かめられています。これらの土偶は、最後に破片にされることになる部分をそれぞれ、別の粘土の塊で作ってから、木か竹の芯でそれらをつなぎ合わせ、その上に粘土を塗って全体を仕上げるというやり方で製作されていました。これは明らかに壊すときに、容易にきれいな破片にできるために案出された、工夫だったと思われます。この遺跡の発掘と調査に当たられた考古学者の小野正文氏は、釈迦堂の土偶のこうした作られ方を、「分割塊製作法」と名付けています。

中期より以後の縄文時代の人々はまた、土偶を最後にぜんぶ壊してしまっただけでなく、破片になった土偶の一部を、家の中などで大切に祭ったり崇めることもしていました。たとえば新潟県栃尾市栃倉の遺跡では、縄文時代中期の一軒の住居の中の三か所で土偶の破片が明らかに、そのような取り扱いを受けていたことが確認されています（図

3)。まずこの住居の中央の炉から西南に一七〇センチほど離れた床面に、直径二六センチ、深さ五一センチほどの円形の穴が掘られ、中に木炭の破片のまじった黒い土が詰められていて、その中央に頭と手足のかけた胴体だけの土偶片が、さかさまに立てられていました。穴の周囲の壁には、八枚の内側を赤く塗られた土器の破片が、土偶片を取り巻いて貼りつけられていました。また土偶片には倒れぬように、別の土器の破片で支えがしてありました。またこの住居の東壁に接して、約二三センチの長さで高さが七センチほどの楕円形の偏平な砂岩が据えられ、その石の上面は磨かれて丹《に》が塗られ、まわりには黄色味を持った塗料で彩色された跡がありました。そして祭壇のように見えるこの石の上にはほぼ中央に、頭部と腹部を欠いた土偶片が、仰向けに寝かされていました。さらに炉の西北一八〇センチほどのところには、約五〇センチの高さで長さが一二〇センチほどの灰褐色の粘土塊があり、この土壇状の盛土の上に、土偶の胸部と右手の二個の破片が発見されました。

このように壊されて破片になってもその破片がなお、丁重にまるで祭られるように取り扱われたことからも、縄文時代に作られた土偶が有り難い母神を表わした像だったことが、はっきりと確かめられます。そして縄文時代の人々がその土偶を、無残に壊しておいて破片を大切に祭る儀式をくり返していたことからは、土偶が表わしていたその母神が、殺害され体を分断されることで、母神としての肝心な働きを、人間のために果たしてくれると信じられていたことが窺えます。

2　オホゲツヒメとウケモチに受け継がれた縄文時代の母神の性質

『古事記』と『日本書紀』に記されている神話には、太古に地上に、自分の体の中にさまざまな美味しい食物を無尽蔵に持っていて、それを求める者に惜しまずに与えていた女神がいたことが語られています。この女神はあるとき、その有り難い恵みを受けた者によって、無惨なやり方で殺害されました。そうするとその殺された女神の死体のいろいろな部位からそれぞれ、農作物をはじめ人間の生活に必要ないろいろな貴重なものが発生したと物語られています。

『古事記』ではこの女神は、「偉い『食物（ケ）』の女神」という意味のオホゲツヒメ（大氣都比売）、またはオホゲツヒメ（大宜津比売）という名で呼ばれています。あるとき乱暴な神のスサノヲが、この女神のところにやって来て食物を求めました。そこでオホゲツヒメはさっそく、体内にある食物を鼻と口と尻から取り出して、いろいろな御馳走を作ってスサノヲに食べさせようとしました。ところがスサノヲはそのオホゲツヒメの御馳走のつくり方を見ていたので、体から排泄した汚いものを自分に食べさせようとしていると思い、怒ってオホゲツヒメを殺してしまいました。そうするとこの女神の頭からは繭から絹糸の取れる虫のカイコが、目からは稲が、耳からは粟が、鼻からは小豆が、陰部からは麦が、尻からは大豆が発生しました。それで天上にいるカミムスヒのミオヤの命という偉い神さまが、それらを採ってこさせて、発生した五穀を種にして栽培し、農業を始めたのだとされています。そのことは『古事記』に、こう語られています。

又食物《をしもの》を大気津比売神《おほけつひめのかみ》に乞ひき。爾《ここ》に大気都比売、鼻口及尻《はなくちまたしり》より、種種《くさぐさ》の味物《ためつもの》を取出《いだ》して、種種《くさぐさ》作り具《そな》へて進《たてまつ》る時に、速須佐之男の命、その態《しわざ》を立ち伺《うかが》ひて、穢《け》汚《が》して奉進《たてまつ》ると為《おも》ひて、乃ち其の大宜津比売神《おほげつひめのかみ》を殺しき。故《かれ》、殺さえし神の身に生《な》れる物は、頭《かしら》に蚕《かひこ》生《な》り、二つの目に稲種《いなだね》生《な》り、二つの耳に粟《あは》生《な》り、鼻に小豆《あづき》生《な》り、陰《ほと》に麦《むぎ》生《な》り、尻《しり》に大豆《まめ》生《な》りき。故是《かれここ》に神産巣日御祖命《かみむすひみおやのみこと》、茲《こ》れを取らしめて、種と成しき。

『日本書紀』ではこれとよく似たところのある話が、これも女神だと思われる、ウケモチという名の「食物（ウケ）」の神を、主人公にして語られています。オホゲツヒメと同じようにウケモチも、体の中にいろいろな種類の食物を持っていて、それをこの神の場合には自分の口からいくらでも吐き出すことができました。あるとき月の神のツクヨミが、姉のアマテラス大神に派遣されて、天から降りて、このウケモチのところにやって来ました。ウケモチは来客をもてなそうとして、まず顔を国の方に向けて、口からご飯を吐き出しました。それから海の方に向いて、いろいろな種類の魚を口から吐き出し、また山の方に向いていろいろな種類の鳥や獣を口から吐き出しました。そしてそれらの食物で作った御馳走を、大きな台の上にどっさり盛り上げて、ツクヨミに食べさせようとしました。するとツクヨミは顔をまっ赤にして怒って、「口から吐き出したものを食べさせようとするとは、なんという汚らしい無礼なことをするのか」と叫んで、剣を抜いてウケモチを斬り殺してしまいました。
それからツクヨミは「然《しか》して後《のち》に、復命《かへりことまう》して、具《つぶさ》に其《そ》の事《こと》を言《まう》したまふ」と言われているように、天に帰って地上であったことをアマテラスに、くわしく報告しました。アマテラスはその話を聞いて激怒してツクヨミに「あなたは悪い神なのでこれからはもう、顔を合わせないことにします」と、言い渡しました。それでそれまではいっしょに天から世界を照らしていた太陽のアマテラスと月のツクヨミはこのときから、太陽は昼に、月は夜に別れて空に出ることになったのだとされ、そのことは「時《とき》に天照大神《あまてらすおほみかみ》、怒りますこと甚《はなはだ》しくして曰《のたま》はく、「汝《いまし》は是《これ》悪《あ》しき神なり。相見《あいみ》じ」とのたまひて、乃《すなは》ち日夜見尊《つくよみのみこと》と、一日一夜《ひとひひとよ》、隔《へだ》て離れて住みたまふ」と、記されています。

そのあとでアマテラス大神は、アマノクマヒトという神を地上に派遣して、どうなっているのか様子を見に行かせました。そうするとウケモチはたしかに死んでいましたが、その死体の頭のてっぺんには牛と馬が生じ、額の上には粟が生じ、眉の上にはカイコが生じ、眼の中には穀物のヒエが生じ、腹には稲が生じ、陰部には麦と大豆と小豆が生じていました。アマノクマヒトがそれらを天上に持ち帰って献上すると、アマテラスは喜んで、まず「これらは人間が食べて生きて行くために必要なものです」と言って、粟とヒエと麦と豆を、地上の畑で栽培するための作物の種にしました。そして稲はこれらと区別して、神聖な天上の田の作物の種にして、稲の栽培を指揮する天邑君《アマノムラキミ》という役をする神を定めて、天上の神々の田に植えさせたところ、収穫のときになると、見事な穂がこぶし八つ分もの長さにたわわに垂れ下がって、豊かな実りが得られました。アマテラスはまた、カイコを口の中に含んでそれから糸を引き出し、それによって養蚕を始めたとされ、そのことはこう物語られています。

> 是《こ》の後《のち》に、天照大神、復天熊人《またあまのくまひと》を遣《つかは》して往《ゆ》きて看《み》しめたまふ。是《こ》の時に、保食神《うけもちのかみ》、実《まこと》に已《すで》に死《まか》れり。唯《ただ》し其の神の頂《いただき》に、牛馬《うしうま》化為《な》る有り。顱《ひたひ》の上に粟《あは》生《な》れり。眉《まゆ》の上に蚕《かひこ》生れり。眼《め》の中《なか》に稗《ひえ》生れり。腹《はら》の中に稲《いね》生れり。陰《ほと》に麦及《むぎおよ》び大小豆《まめあづき》生れり。天熊人悉《ふつく》に取《と》り持《も》ち去《ゆ》きて奉進《たてまつ》る。時に、天照大神喜《よろこ》びて曰《のたま》はく、「是《こ》の物は、顕見《うつ》しき蒼生《あおひとくさ》の、食《くら》ひて活《い》くべきものなり」とのたまひて、乃ち粟稗麦豆《あわひえむぎまめ》を以ては、陸田種子《はたけつもの》とす。稲を以ては水田種子《たなつもの》とす。又因りて天邑君《あまつむらきみ》を定む。即ち其《そ》の稲種《いなたね》を以て、始めて天狭田《あまのさなだ》及び長田《ながた》に殖《う》う。其の秋の垂穎《たりほ》、八握《やつかほ》に莫莫然《しなな》ひて、甚《はなは》だ快《こころよ》し。又口《くち》の裏《うら》に蚕《かひこ》を含《ふふ》みて、便《すなは》ち糸抽《いとひ》くこと得たり。此《これ》より始めて養蚕《こかひ》の道有り。

『古事記』と『日本書紀』の神話にはこのように、『古事記』ではオホゲツヒメ、『日本書紀』ではウケモチと呼ばれている食物の女神のことが語られています。記紀神話のこれらの女神たちには明らかに、縄文時代の人々が土偶に表わして崇めていた女神と、びっくりするほどよく似たところがあります。オホゲツヒメとウケモチは見たように、無惨と思われるやり方で殺害されると体のいろいろな部分から、食物をはじめその他の人間の生活にとって必要なものを、生じさせてくれたことが物語られています。それと同様に、縄文時代の人々が土偶の形で崇めていた女神も、破壊されると断片になったその体が、人間のために有り難い働きをしてくれると信じられていたことが、見たように土偶の出土する状態から見て、明らかだと思われるからです。

このようにして記紀神話のこれらの女神たちに、縄文時代の人々が崇めていた母神の性質の根本的な部分が、きわめてよく受け継がれていることには、疑問の余地がまったくないと思われます。ただオホゲツヒメとウケモチの神話が、記紀に語られている通りの形で、縄文時代を通してすでに存在していたということは言うまでもなくありえないことです。記紀神話で殺された女神の死体から発生したことを物語られているのは、稲をはじめとする田畑の作物の五穀とそれにカイコで、ウケモチの場合にはそのほかに死体の頭のてっぺんから牛と馬が生じたことが物語られています。牛や馬の飼育は言うまでもなく、養蚕や田畑で五穀を栽培することが、縄文時代の古い時期からすでにわが国で始まっていたとは、考え難いと思われるからです。

3　里芋の栽培の名残り

縄文時代には近年まで長いあいだにわたって一般に、今から約三〇〇〇年前ぐらいから始まったとされている最後の時期の「晩期」までずっと、狩猟と採集の文化が続いて、作物が栽培されることはなかったと考えられてきました。もしそうならとうぜんこの時代にすでに、記紀神話のオホゲツヒメやウケモチの話のような、作物の起源を説明した神話が存在していた可能性は考えられないことになります。だが専門家の中には少数ですが、縄文時代の中期にすでに、芋を主な作物とする栽培が始まっていたと主張してきた人々がいます。縄文時代の中期と言えば見てきたように、土偶をいろいろな複雑な形に入念に作っては壊す祭りが、急に盛んに実施されるようになったまさにその時期に当たっています。この時期に起こった土偶の取り扱われ方のこのような急激な変化は、芋の栽培が始まったことと結びつけて考えると、確かによく説明ができそうに思われるのです。

縄文時代の中期にすでに、わが国で芋の栽培が始まっていたという考えを、これまでもっともはっきりと主張してきた専門家の一人は、考古学の大家の江坂輝彌です。その説の根拠として江坂は、いろいろな事実をあげていますが、その中でも特に説得力が強いと思われるのは、この時期に考古学者が「打製石斧」と呼んでいるタイプの石器が、関東地方の西部から中部地方、北

図４　長野県富士見町井戸尻・曽利遺跡から出土した打製石斧（縄文中期）（土肥孝編『日本の美術３　縄文時代Ⅱ（中期）』至文堂より）

陸地方にかけての地域で、急に大量に作られ使われるようになったということです（図４）。「石斧」と言ってもこの打製の石器は、水成岩質の脆い河原石から作られているので、硬い木を伐り倒すための斧としては、ほとんど役に立ちません。また出土した石斧の刃の先は、土を掘るのに使われて磨り減った跡が認められるものがあるので、この石斧は土掘りのための道具だったことがはっきりしています。

江坂によれば一九三六、七年ごろにはまだ東京の世田谷などでも、縄文中期の遺跡の上に作られた畑のあるところに行くと、耕作によって掘り出されて畑のすみに捨てられたこの石器を、すぐに数十本も拾えたそうです。また一九〇〇年ごろには、東京の大森から深大寺のあたりまで、遺跡のあるところを歩いただけで、二人の男で持ち切れないほどこの石器を拾い集められたことが、当時の文献に書かれているということです[1]。

わが国の山野にはたしかに、たとえばユリの根であるとか、カタクリやクズなど、根が美味しい食べものになる植物が自生しているので、縄文時代の人たちはそれらを掘り取って食べていたと考えられます。だがこのような野生植物の根を掘り取ることのためだけにこれほど大量の土掘りの道具が、それも縄文時代の中期にとつぜん、必要になったわけを説明することは困難だと思えます。江坂が言うようにこの石器は、この時期に始まった芋の栽培に使われた、植えつけと収

（1）江坂輝彌編『古代史発掘２　縄文土器と貝掘』講談社、一九七三年、一一二頁。

穫のための道具だったと見るのが、もっとも自然な考え方ではないでしょうか。

　縄文時代の中期にはまた、土掘りのための石器が大量に使われたのと同じ地域で、専門家が土器などの径を測定するのに使う用具のカリパス（calipers）に因んで「キャリッパ型の深鉢」と呼んでいる独特な形の土器が、さかんに作られています。深鉢というのは早期から縄文土器のもっとも一般的な形の土器で、大形の円錐形か円筒形をしており、煮炊きのために使われました。

「キャリッパ型」の特徴は、その深鉢の胴の下のほうが膨れていて、そこにくびれた箇所があることです。この土器の用途については、考古学者の武藤雄六によって、明快と思われる説明がされています。つまり土器の内部の胴のくびれたところに、竹などを編んで蒸気を通すように作った中敷きを置き、その下に水を、上に食物を入れて、蓋をして火にかけると、恰好な蒸し器になると言うのです。蒸して食べるのがもっとも便利で美味しい食物と言えば、まっ先に思い浮かぶのは芋の類です。縄文時代の中期に人々が、このような蒸し器の土器をさかんに作るようになったわけも、この時期に栽培が始まった芋が、人々の常食物になったからだと考えると、よく説明がつくと思われます。

　縄文時代の中期に栽培が始まったと考えられる芋の種類として江坂は、里芋とそれに山芋をあげています。そしてその中でも里芋がわが国で、縄文時代の古い時期から主な作物として栽培されていたことが、正月や十五夜のお月見などに里芋をお供えする行事が、九州の西部の方々など諸所にあることから、確かめられると指摘しています。里芋をこのように祭りの日に、特に大切な供物や食物とする習俗はその後、民俗学者たちの研究によって、関東地方より西の各地にあることが明らかにされています。(2)正月に里芋を使うのは、雑煮の中に入れて餅といっしょに食べるのがもっともあたりまえなやり方ですが、その場合にも里芋には方々ではっきりと、特別の取扱いや意味づけがされています。たとえば滋賀県東浅井郡浅井町の野瀬という地域では、里芋は「ごちそう芋」と呼ばれて、祭りの日や家の行事などがあるときには、欠かすことのできない大切な食物で、供物であると考えられています。正月元旦に食べる雑煮の中には、餅といっしょに里芋を入れますが、その雑煮を食べるより前に、醤油で味つけをした里芋を、一人が一つずつ食べなければならない決まりになっています。同じ滋賀県の蒲生郡日野町の中山という地域では、新年の雑煮の中には、餅といっしょにかならず「カシラ芋」と呼ばれる里芋の親芋を入れます。カシラ芋を食べるのは、他人の頭《カシラ》に立てるような、立派な人になるためだと言っています。

里芋を特別視することが、いっそうはっきりしている事例として、年越しの夜や正月に餅を食べずに里芋だけを食べる習俗があります。東京都の八丈島の八丈町末吉では、大晦日の晩にはアカズキと言って、徹夜をしながら十文字に割れ目をつけて煮た里芋だけを食べ、ほかのものは何も食べません。同じ東京都の伊豆諸島の南端の島である青ヶ島では、大晦日の晩に大きな里芋をたくさん煮ておき、それをアカツキと呼んで、元旦の食物にします。またきれいに洗った里芋を

(2) 佐々木高明『稲作以前』日本放送出版協会、一九七一年、一九六-二一一頁。

枡に入れて、神さまに供えることもしています。正月の三が日のあいだは、餅は一切れも食べず、もっぱら里芋だけを食べます。これとよく似た習俗は、埼玉県北埼玉郡北川辺町の大字飯積という地域にもあります。ここではやはり正月の三が日のあいだは、餅を食べることが固く禁止されていて、そのあいだはふかした里芋だけを食べる決まりになっています。

正月に里芋を食べて餅は食べないという習俗のもっとも極端な例として、東京都足立区青井一丁目付近の旧家には、こんなしきたりまであります。そこでは一二月二五日ごろに、家々でいっせいに餅をつきますが、その餅はしめ縄を家に飾る三〇日ごろまでに食べつくします。もし残った餅があれば、人目につかないところに隠します。新年の料理は、里芋のヤツガシラの大きなものを、六つくらいに切って、醤油か味噌で煮たものに、小松菜を入れて食べます。餅は食べることも、神棚に供えることもいっさいしないだけでなく、正月一一日の蔵開きの日までは、屋敷の垣根の中に入れてはならないことになっています。この禁止を破れば必ず大火事になると言い伝えられており、じっさいにある旧家でお婆さんが孫にこっそり餅を食べさせたところが、たちまちこたつから火が出たと言われています。

正月をはじめとする大切な祭りや祝いごとなどのおりに、わが国では一般的には米から作られる餅が、食物としても供えものとしても、ほかの何よりも大切だと考えられてきています。ところが見てきたように、関東地方より西には、そのような祭りの日の食物また供えものとして、里芋を餅と同等かときにはそれ以上に大切に見なす習俗が、方々に見られるのです。そしてその極端な場合には里芋は餅と、たがいにあい容れぬような取り扱われ方まで受けています。このことから弥生時代に稲作が広まって、米から作られる餅がもっとも尊い食物と考えられるようになる前に、縄文時代のわが国で何千年にもわたって、里芋が人々のもっとも大切な食物と考えられていた時期があったことが推測できます。その長い時期の名残りとして、わが国の西の地方の方々に今でも、里芋を特別に神聖視したり尊ぶ習俗が、根強く残っているのだと考えられるわけです。

4　地母神への加害だった作物の栽培

縄文時代の中期に、里芋を主作物にする栽培が始まると当時の人々は、その里芋の起源を、記紀神話のオホゲツヒメやウケモチの話の原形となったと目せる神話によって説明するようになったのだと思われます。狩猟と採集によって暮らしていた時代には人間は、母神である大地が自然に体から出してくれるさまざまな資源を、そのまま取って使うことで生活をしていました。作物の栽培が始まると人間はいろいろなやり方で、大地に手を加えるようになりました。そして尊い母神の体である大地から、いわば無理強いをするようなやり方で、自分たちの望むさまざまなものを生じさせることを始めたのです。そのため作物の栽培は、それを開始した人間たちによって、ごく自然に、尊い母神の体を無惨に傷つけて果ては殺すような仕業だと感じられたのだと思います。

宗教史の大家だったエリアーデは、作物の栽培をこのように、母神である大地に対するひどい加害であるように見なすことが、それを始めた人類に共通する、自然な感情だったと思われることを指摘しています。そしてそのような感情のもっとも率直な吐露の例としてエリアーデは、一九世紀の末に北アメリカの現住民のウマティラ族の精神的指導者だったスモハラという人物が、自分たちウマティラ族が白人がしているような農業をできぬわけを説明して述べたという、次のような言葉をあげています。(3)

われわれみんなの母を、農作業によって、傷つけたり、切ったり、引き裂いたり、引っ掻くのは罪だ。わたしに地面を耕せと言うのか。刃物を取り上げて、わたしを生んでくれた母の胎に突き立てることが、どうしてわたしにできるだろうか。もしそんなことをすれば、わたしが死んだときに、彼女はもう二度とわたしを、自分の胎内に受け入れてはくれないだろう。鋤で掘り起こして、石を取り除けと、わたしに言うのか。母の肉を害して、骨を剥き出しにすることが、どうしてわたしにできるだろうか。もしそんなことをすれば、わたしはまた再び生まれてくるために、彼女の胎内に入ることができなくなってしまうだろう。わたしに干し草にするために草を刈り取り、それを売って白人たちのように、金持ちになれと言うのか。自分の母の髪の毛を毟り取るようなだいそれたことが、どうしてわたしにできるだろうか。

作物の栽培を開始した人々は、わが国でも、エリアーデが人類に共通のものだったことを強調した、このような感情にしたがってごく自然に、作物を栽培することは母神である大地を傷つけたり殺して、その体から作物を生じさせる仕業だと感じました。それで作物の栽培が始まると、地母神は人間によって殺されては体を切り刻まれ、そしてそのような取り扱いを受けて破片にされながらも体から人間のために、食物などの資源を惜しみなく生じさせてくれるのだという信仰が生まれたわけです。その信仰に基づいて縄文時代の人たちは、彼らが土偶の形で表わして崇めていた大地母神を、その土偶を破壊することで殺害しました。そしてその破壊された土偶の破片を、そんな状態になっても自分たちにさまざまな貴重なものを与え続けてくれる、有り難い母神の体の部分として、丁重に祭る儀礼をくり返すようになったと思われるのです。

縄文時代にわが国で語られるようになった、もとは大地母神の体からの里芋の起源を説明していたと思われる作物の起源神話は、時代が下がって人々の生活にとってもっとも大切と考えられた作物の種類が変化すると、それにつれてとうぜん、里芋とは別の作物の起源を説明した神話に変わりました。田で作られる稲が、もっとも大切な食物と考えられるようになり、畑の作物と

（3）M.Eliade, *Mythes, Rêves et Mystères*, Gallimard(Paris), 1957, p207

しても、粟やヒエや麦などの雑穀や、大豆や小豆などの豆が芋よりも重要視されるようになると、「五穀」と総称されるようになったそれらの作物の起源が、この神話で説明されるようになりました。そしてその上に養蚕や牛馬の飼育が人々の暮らしにとって、五穀の栽培に匹敵するほど、大切に見なされるようになると、カイコや牛と馬の起源の説明が、その神話に付け加えられたのです。そしてそれがオホゲツヒメとウケモチの話となって八世紀に、『古事記』と『日本書紀』に書き留められたのだと考えられます。

5　地母神の像でもあった深鉢

土偶によって表わしていたのと同じ女神を、縄文時代の人々はまた同時に、いろいろな形の土器によっても表わし、崇めたり祭っていたことが確実だと思われます。この時代の特に中期以後に作られた土器のなかには明らかに、女神の像の意味を持っていたと思われるものがあります。まず中期の深鉢型の土器の中には、口の縁のところに、土偶の顔とそっくりな人の顔の形をした飾りが付けられたものがあります。その多くは見たように芋などの蒸し器に使われたと思われる、「キャリッパ型」の形状をしています。「顔面把手付き深鉢」と呼ばれているこの型の土器は、顔の形の飾りの下の胴体の部分に決まって大きく膨れた箇所があり、全体がまさに妊娠した女性を表わしていると思えるような形をしています（図5）。その上また「顔面把手」の部分だけが、土器から分離した状態で発見されることも多く、その場合にはその把手の底の部分が、全体を立てて安置できるように、きれいに磨かれていることもあります。そのことからこの土器は、胴体の部分が壊れて顔だけになってしまった場合にも、当時の人々がその顔の部分を大切に取り扱って、立てて祭るようなことをしていたと推測できます。それは顔面把手によって表わされていたその顔が、土偶が表わしていたのと同じ、尊い女神の顔だったからに違いありません。つまりこの顔面把手付き深鉢は、土偶と同様にやはり全体が、女神の妊娠した姿を表わした像としての意味を持っていたと思えるわけです。そしてこの深鉢の中で、煮炊きされたり蒸されたりして出てくる御馳走は、当時の人々にとってまさしく、女神が妊娠して体から生み出してくれる、尊い子の神であるように見なされていたと推測できるわけです。

図5　長野県海戸遺跡出土の顔面把手付き深鉢形土器（縄文中期）（『第22回特別展　縄文の女神——人面装飾付土器の世界』山梨県立考古博物館より）

山梨県北巨摩郡の御所前遺跡からは、当時の人々にとって持っていた尊い母神の像としての意味を、とりわけ迫真的に表現していると思われる縄文時代の中期に作られた深鉢型の土器が出土しています。約六〇センチほどの高さのこの深鉢は、主体部の中央に人の顔が、まるで土器の中から出てこようとしているように見える形で、はっきりと表わされています。その顔のまわりは、開かれた口を縦に表わしているようにも見える文様で、縁取りされていますが、その左右の部分はよく見ると、まん中に突出してある顔によって押し開かれている女性器の両の陰唇をリアルに表現しているかのように見えます。そしてこの深鉢にもやはり、口の縁には「顔面把手」が付けられています。つまり他の顔面把手付き深鉢と同様に、この土器も全体がまさしく、腹の大きく膨れた母神の姿を表わしているように見えるのです（図6）。そうするとその母神の体から、陰唇を押し分けるようにして出てこようとしている顔は明らかに、母神がまさに分娩しつつある赤子を表わしていることになると思われます。

図6　山梨県御所前遺跡出土の顔面把手付深鉢の表側（上）と裏側（下）（『第２２回特別展　縄文の女神——人面装飾付土器の世界』山梨県立考古博物館より）

その上この土器の口の縁に付けられている「顔面把手」にはさらにまた、じつにユニークというほかないような特徴があります。土器を正面と思われる側から見た場合には、この「把手」に表わされている母神の顔は、他の「顔面把手」に見られる顔と同様な、穏やかな表情をしています。それと反対の裏側から土器を見ると、主体部には表側にあったのとまったく同じ文様があります。つまり同じ顔がやはり同じようにして、陰唇と見える文様のあいだから、突出しているのです。ところがその真上にある「把手」の裏側に表わされている顔の表情は、表側とはまるで違っています。「把手」の裏側の顔には、異様に大きくて丸い両眼だけが表わされています。そして左の目は渦巻きのように見える、同心円の形をしているのです。

考古学の大家の森浩一氏はいみじくも、この「顔面把手付き深鉢」を、「出産のようすを表現した土器」と呼びました。そして裏側から見たこの深鉢のことを、「今まさに母親の胎内から生まれ出ようとする赤ちゃんと、苦痛にたえる母の表情を描いた大形の深鉢である」と解説していますが。(4)「把手」の表側に表わされている女神の穏やかな表情にはとうぜん、出産の喜びの表現を見ることができると思われます。

分娩をこれほど生々しく表現したものがあることからも、縄文時代の中期に作られた深鉢型の土器はやはり、食物を煮炊きしたり蒸すための器であったのと同時に、その食物を体内に子とし

(4) 森浩一『図説日本の古代2 木と土と石の文化』中央公論社、一九八九年、一〇五頁。

て妊娠してどんどん出産してくれる、有り難い母神の像としての意味も持っていたことが明らかだと思われます。そのことは顔面把手付き深鉢の場合には、一見しただけで明白ですが、同様の意味はおそらく他の深鉢にもあったに違いありません。中期の深鉢には、とりわけ新潟県を中心にして作られた「火炎土器」と呼ばれる様式のものなどに、典型的に見られるように、びっくりするほど複雑で手のこんだ装飾や文様が施されているものがあり、その中には美術的価値において、世界の美術史上にもまれに見る逸品と評価されているものも少なからずあります。これらの土器が当時の人たちにとって、ただ実用のための器としての意味しか持たなかったとは、とうてい考えることが困難です。それで深鉢型の土器は、「顔面把手」のあるなしにかかわらず人々にとって総じて、料理のための用具であったのと同時に、有り難い母神を表わした、尊い女神像でもあったと考えられます。

これらの土器で料理されて出てくる食物を人々は、女神が自分の生きている体から、惜しみなく出して与えてくれるものとみなしていたと思われます。そうするとそのことからすぐに思い出されるのは、記紀神話のオホゲツヒメとウケモチのことです。これらの女神は見たように、どちらも殺されて死体から、人間のために食物などさまざまな貴重なものを生じさせてくれたことを物語られていますがそれだけでなく、どちらの神も生きていたあいだにすでに体の中に、美味しい食物を無尽蔵に持っていました。そしてオホゲツヒメの場合にはそれを、鼻と口と尻から出し、ウケモチの場合には口からいくらでも吐き出すことができました。そしてどちらの女神も、そのようにして体からふんだんに出す食物を、すばらしい御馳走にして自分のところにやってくるものに、気前よく食べさせてやろうとしたことが物語られています。

縄文時代の人々が土偶や土器の形に表わして崇めていた女神も、これらの記紀神話のオホゲツヒメやウケモチと同様に、生きていたあいだにすでに体から、食物を無尽蔵に出すことができたと信じられていました。人々はその女神の有り難い働きを、深鉢型の土器によって表現していました。そしてこのように無尽の産出力を持つと信じられていた女神は、だからこそ縄文時代の人々によっても記紀神話でも、殺されてもその死体から、食物などを生じさせることを続けると信じられたのです。

6　釣手土器に表わされた母神とイザナミ

縄文時代の中期の人たちはこの有り難い母神を、土偶と深鉢型の土器によって表わしていただけでなく、他のいろいろな型の土器によっても表わして崇めていたと考えられます。この時期に作られた土器の中にはまず、「釣手土器」と呼ばれている独特な形をしたものがあります。皿か鉢のような形をした主体部の真上に、把手のような飾りが、土器の全体を覆うように付けられていて、それにいろいろな複雑な装飾や文様が、入念に施されています。そして「釣手」と呼ばれている、その飾りの部分の頂点が、本体のちょうど真上に位置するので、この土器は明らかに、上から吊るして使うと、安定するような形状に作られています。つまり「釣手」の部分によって、屋内に吊り下げられて使用されたと考えられています。

この土器にはまた、油やすすによって付いた汚れであるとか、焼けこげた跡がしばしばはっきり見られます。それでそのことから、皿か鉢のような本体の部分に、油を入れて燃やすことで、ランプのような使われ方をしたことが確実だと考えられています。ただランプと言っても、どの家でも普通に使われた、日常の照明の用具ではなかったことが、はっきりしています。

なぜならこの土器は、同じ時期に作られた他の土器と比べて、発見される数がきわめて少いのです。しかもほとんどが破壊されて破片の状態で出土する土偶とはちょうど正反対に、完形のまかそれに近い状態で見つかることが多いのです。このことから日常の用具ではなく、何かよほど特別な場合にだけ使われていた貴重品で、用心して大切に取り扱われていた土器であることが、明らかだと思われます。つまりこの土器をランプのように使い、中で火を燃やすことには、重要な祭りとしての意味があったことが、推測できるのです。

ところで、この釣手土器の中にも「釣手」と呼ばれている部分の頂点に、人の顔がはっきり表現されているものがあります。その場合にはこの土器も、前に見た顔面把手付き深鉢と同様に、全体がやはり明瞭に、腹の大きく膨れた女性の体を表わす形をしており、妊娠している女神の像であるように見えます。そうするとこの土器の中で火が燃やされるときには、その火は妊娠した女神の腹の中から外へと燃え上がります。そして女神の尊い体である土器の至るところを、何千年もあとに土の中から発見されてもなお、はっきりとその跡が見えるほど、激しく焼け焦がすことになるわけです。その場合には、この土器によって表現されている女神は、自分の腹の中にまさに火を胎児として宿していることになります。そしてその胎児である火を、体を焼かれて苦しみながら、子の神として生み出していることになると思われます（図7）。『古事記』と『日本書紀』の神話には、まさにこのようにして、自分の体を焼かれて苦しみながら、火を子の神として生んだことが物語られている偉大な母神が出てきます。それは言うまでもなく大女神のイザナミです。この女神は日本の国土の島と多くの神々を生んだあとで、カグツチという火の神を生みました。それでそのカグツチの火で体を焼かれ大火傷を負って、悶え苦しみながら死んだことを物語られています。

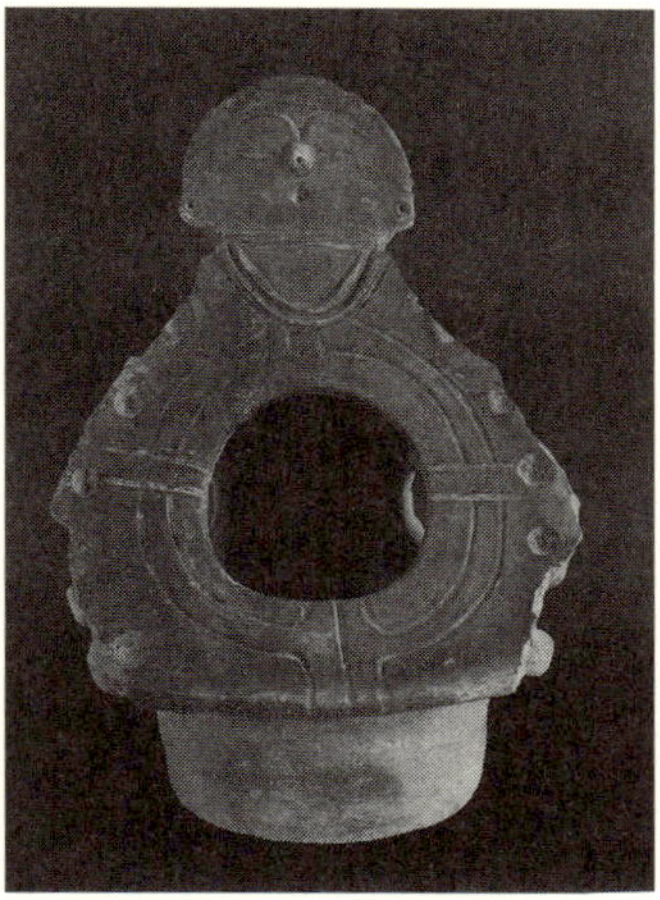

図7　長野県御殿場遺跡から出土した顔面付釣手形土器（縄文中期）（『第22回特別展　縄文の女神——人面装飾付土器の世界』山梨県立考古博物館より）

記紀の神話にこのように、火を妊娠して体から生み出したことを物語られているイザナミには、前に見たオホゲツヒメやウケモチと明らかに酷似しているところがあります。カグツチを生んだために大火傷を負って、苦しみながら死んだときに、イザナミは火のほかにも体からさまざまな良いものを、排泄物として生じさせたことを物語られています。『古事記』によれば、このときにイザナミが嘔吐するとその吐瀉物から、カナヤマビコとカナヤマビメという男女の金属の神が生まれました。大便をするとそれから、ハニヤスビコとハニヤスビメという男女の粘土の神が生まれました。また小便をすると尿から、ミツハノメという水の女神とワクムスヒという神が生まれ『古事記』にはそのあとにこのワクムスヒの子が、食物の女神のトヨウケビメであることが記されています。『日本書紀』には、「此の神の頭《かしら》の上《うへ》に、蚕《かひこ》と桑《くは》と生《な》れり。臍の中《なか》に五穀《いつくさのたなつもの》生《な》れり」と言われて、ワクムスヒの頭からはカイコと桑が、へその中からは五穀が生じたことが物語られています。

縄文時代の中期の人々の信仰では、釣手土器によって表わされた火の母神はけっして、土偶や深鉢型の土器が表わしていた女神と、別個の存在ではありませんでした。つまり当時の人たちは、生きた体から御馳走を出し、殺されると死体から作物などの貴重なものを発生させてくれる有り難い女神が、食物と共に人間の生活にとってもっとも肝心なものである火もとうぜん、尊いその体から生み出して、人間に与えてくれるのだと信じていました。その信仰に基づいてその当時の人々は、女神を表わす意味を持っていた釣手土器の中で、女神に妊娠されて生み出される火を燃やす祭りを実施しました。そしてその祭りで女神が、体を焼かれて苦しみ、果ては焼け死にながら、人間のために火を懐妊しては産出してくれる尊い受苦の有り様を生々しく表現しながら、火の恵みを女神に感謝していたのだと思われるのです。

『古事記』と『日本書紀』の神話の大女神のイザナミは明らかに、縄文時代の人々が土偶や土器に表わして崇めていたこの古い母神の性質を、前に見たオホゲツヒメやウケモチよりもいっそう全体的に受け継いでいます。イザナミは火を生んだ上に、ほかにも人間の生活に肝心なあらゆるよいものを、体から排泄物を出すことで発生させました。そしてそれらすべてのものが発生して、そのおかげで人間が現にしているような暮らしができるようになるために、イザナミ自身は尊い体をさんざんに傷めて、なんと局所に大火傷を負って、悶え苦しみながらついに死なねばならなかったとされているわけです。

7　死の女神でもあった大地母神

イザナミはまたほかのきわめて重要な点でも、縄文時代の人たちが土偶や土器に表わして崇めていた母神の性質を、よく受け継いでいます。火の神のカグツチを生んだために、火傷を負って苦しみながら死んだイザナミは、地下の死者の国である黄泉国《よみのくに》に行きました。そしてそこで黄泉津大神《よもつおほかみ》つまり、その黄泉国を支配する大神になったと言われています。イザナミが死ぬと夫のイザナキは、『古事記』に「御枕方《みまくらへ》に匍匐《はらば》ひ、御足方《みあとへ》に匍匐《はらば》ひて哭《な》きし」と言われているように、激しく泣き悲しみました。そしてなんとかして妻を生き返らせて、地上へ連れ戻そうとして、黄泉国まではるばるとイザナミを迎えに行ったと物語られています。

そうするとイザナミは黄泉国で住んでいた御殿の閉ざされていた戸を開いて、夫を出迎えたので、それに対してイザナキは、「愛《うつく》しき我《あ》がなに妹《も》の命《みこと》、吾《あれ》と汝《いまし》と作れる国、未《いま》だ作り竟《を》へず。故《かれ》、還るべし」と言って、「自分といっしょにしている国作りがまだ未完成なので、どうか帰って来てほしい」と言って懇願しました。するとイザナミは、「悔《くや》しきかも、速《と》く来《こ》ずて。吾《あ》は黄泉戸喫《よもつへぐひ》為《し》つ」と言って、イザナキの来るのが遅かったために、自分がヨモツヘグヒつまり黄泉国のかまどで料理されたものを食べて、他界であるこの国のものになってしまったことを残念がりました。そして「然れども愛《うつく》しき我がなせの命、入り来坐《きま》せること恐《かしこ》し。故《かれ》、還らむと欲《おも》ふを、且《しばら》く黄泉《よもつ》神と相論《あげつち》はむ。我をな視たまひそ」と言って、それでも愛しい夫の神のイザナキが、ここまではるばる迎えに来てくれたことが恐れ多いので、なんとかして帰れるようにこの国の神と相談してくるので、そのあいだどうか自分を見ないでくださいと言って、イザナキを外の真っ暗闇の中に待たせ、また御殿の内に入って行ったまま、長いあいだ出てきませんでした。

イザナキはそれでついに待ちかねて「どうか自分の姿を見ないでくれ」と言ったイザナミの懇願を聞かずに、自分の髪に刺していた櫛の端から太い歯を一本折り取って、それに火をともしました。そして御殿に入ってその明かりで照らして、妻の死体のすっかり腐乱してウジがわいている、見るに耐えない物凄い有り様を、目撃してしまったのです。ごろごろいうウジのうごめきによって死体からはなんと、八体の恐ろしい雷神たちが生まれていました。

それでイザナキは、ひどい嫌悪と恐怖にとりつかれて、一目散に地上に逃げ帰ろうとしました。そうするとイザナミは、「吾《あれ》に辱《はぢ》見せつ」つまり「よくも自分に恥をかかせたな」と言って激怒して、ヨモツシコメという黄泉国にいる醜い女性の妖怪たちに、逃げて行く夫を追い駆けさせ、さらにそのあとから、自分の死体から発生した八体の雷神たちに、一五〇〇もの黄泉国の軍勢を率いて、イザナキのあとを追わせました。そしてイザナキがこれらの恐ろしいものたちの追跡をけんめいにかわして、なんとか黄泉国の果てにある、地上との境のヨモツヒラサカという坂のふもとまで、辛うじて逃げのびると、そこに最後にイザナミが自身で追いかけて来ました。

イザナキはそれで「千引《ちびき》の石《いは》」つまり一〇〇〇人が力を合わせて、やっと動かせるほど大きな岩で、そのヨモツヒラ坂を塞ぎました。そして両神はその岩を中に挟んで向かい合って立ち、たがいに離別の言葉を述べ合ったのです。イザナキに向かってイザナミは、「愛《うつく》しき我がなせの命《みこと》、如此《かくせ》為ば、汝《いまし》の国の人草《ひとくさ》、一日《ひとひ》に千頭《ちかしらくび》絞り殺さむ」と言って、「最愛の夫であるあなたが、こんなひどい仕打ちを自分にされたので、わたしはあなたの国の人間を一日に一〇〇〇人ずつ殺しま す」と宣言し、それに対しイザナキは、「愛しきなに妹《も》の命、汝然《いまししかせ》為ば、吾《あれ》一日《ひとひ》に千五百の産屋を立てむ」と言って、「それなら自分は一日に一五〇〇の産屋つまり出産するための小屋を建てて、そこで人間を生まれさせることにする」と、言い返しました。それで人間はみな最後には死んでイザナミが黄泉津大神となって支配している黄泉国に行かねばならない運命を持つことになりましたが、死ぬよりももっと大勢が日々に誕生するので、地上の人間の数は減らずに増え続けることになったのです。
イザナミは太古にイザナキといっしょに、天からまだ一面の海だった下界に降りて来て、そこにオノゴロ島という最初の陸地の島を作りました。そしてその島の上で、世界で最初の結婚をして、日本の国土となる島をすべて次々に生んだと物語られています。ですから大地全体の母神であるわけです。そしてその大地母神であるイザナミが、火の神を生んで死ぬことで、世界で最初の死者になり、地下の死者の国である黄泉国に行き、そこを支配する大女神の黄泉津大神になったとされているのですから、地下界の黄泉国は、イザナミが死んでそこに行くことで、はじめてできたことが明らかだと思われます。つまりイザナミの死によって、死と共に、死者の行く他界と、そこを支配する大女神も発生しました。それで人間は、その死者の国の主になった大女神によって、必ず死んで他界に行かねばならぬ運命を、定められることになったのだとされているわけです。

縄文時代の人々が土偶や土器に表わして崇めていた女神も、イザナミと同様に明らかに、死者たちの行く他界を支配している大女神でもありました。そしてその他界そのものも、この女神と同一視されていたのだと思われます。なぜなら人間の暮らしに必要なあらゆるものを、自分の体から生み出してくれると信じられていたこの大女神は言うまでもなく、大地そのものを母神として神格化した存在でした。それだから当時の人たちの信仰では、地下に埋葬される死者たちの行く他界とはとうぜん、この母神の体内にほかならず。この女神の支配している領域であると同時に、女神自身でもあると見なされていたに違いないと思われるからです。縄文時代の人々にとって大地母神は、一面では見てきたように、自分の体を分断されたり焼かれて無惨に傷められたり果ては殺害されるような目にあいながら、作物や火のような人間の暮らしに欠かせないさまざまなものを、ふんだんに体から出して与えてくれる、本当に恵み深く有り難い女神でした。だがその反面でその同じ母神はまた、人間をはじめとする生きとし生けるものすべてを生み出しておきながら、最後には容赦なく殺しては自分の腹の中に飲みこんでしまう、死の女神としての不気味で恐ろしい相貌を持っていたわけです。

縄文時代の人たちは、彼らが信仰していた母神が持っていた、このようにあらゆる生きものを殺して腹に飲みこむ、貪欲な人食いを思わせる不気味な相貌にも、土偶の形で表現を与えていました。土偶の中には女神と言うよりむしろ、うす気味悪い妖怪を思わせるような、怪奇さをことさら強調した容姿を持つものがあります。女神の像だった土偶を、このような怪異な容姿に作ることで当時の人々は、この女神であり、また同時に死者の行かねばならぬ他界そのものでもある不気味な性質に、生々しい表現

図８　神奈川県中屋敷遺跡出土の容器形土偶（縄文晩期）（『古代史発掘３　土偶芸術と信仰』講談社より）

を与えようとしたのだと思われます。

縄文時代の終わりの時期に作られた土偶の中には、女神のその人食いを思わせるような不気味さと恐ろしさを、とりわけ迫真的に表現しているものがあります。それは晩期の最後の時期に、関東地方の西部から中部地方にかけての地域で作られた、怪奇と言うほかないような容貌の土偶で、体内が容器のように空洞になっているので、「容器形土偶」と呼ばれています。神奈川県足柄上郡大井町の中屋敷という地域で発見された、この型の土偶の体内には赤ん坊の骨が入っていました（図8）。また胴体につけられた文様は、死者の行く他界にほかならぬこの女神の子宮と、そこに到るための道を表わしているように見えます。

図9　東京都狛江市弁財天池遺跡で発見された埋甕（縄文中期）（梅原猛・渡辺誠『人間の美術1　縄文の神秘』学習研究社より）

8　母神の体内からの再生

だがこの不気味な姿に表わされている母神に、いわば取って食われるようにして殺されて、死の女神でまた他界そのものでもあるその体内に呑みこまれることは、当時の人たちにとってけっして、ただ恐ろしいというだけの意味しか持っていなかったわけではないと思われます。母神の体内と同一視された他界は取りも直さず、万物がそこで妊娠されてまた新たに生み出される、大地母神の子宮にほかならないからです。それだから当時の人たちは、母神の体内に呑みこまれた死者は、そこでまた胎児となって地母の子宮に妊娠され、そこからまた再生を果たせると信じていたのだと思われます。とりわけ呑みこまれた死者が、胎児とあまり違いのない生まれたての赤ん坊であれば、その再生は大人の死者の場合より、ずっと早くて容易だと考えられていたに違いありません。中屋敷出土の容器型土偶の体内に入れられていた赤児の骨には、死んで生まれたか出生後すぐに死んでしまったこの嬰児を憐れんで、その速やかな再生を願った人々の祈りがこめられていたのだと想像できます。

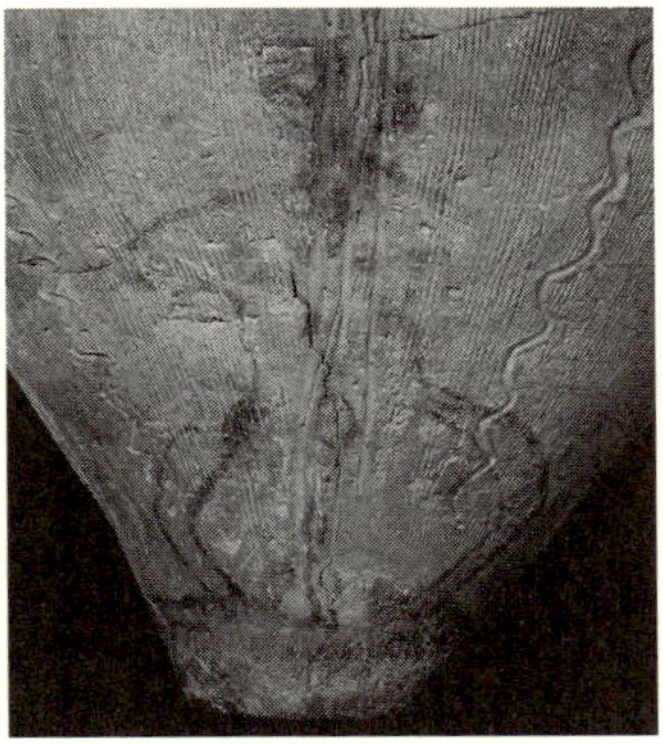

図10　長野県唐渡宮遺跡出土の埋甕の胴体の外面下部に描かれた絵（縄文中期）（梅原猛・渡辺誠『人間の美術1 縄文の神秘』学習研究社より）

このように死んだ赤児を、大地母神の子宮を表わした容器に入れて土中に埋めてやることで、その子の再生を祈願することは、縄文時代の中期にもすでに、また別様の形を取って実施されていました。この時期には人々はしばしば、住居の入口に、甕の形をした深鉢型の土器を、口あるいは土器が土中で逆立ちをしている場合には底の部分が、床とほとんどすれすれになるようなやり方で、埋めることをしていました。専門家の人々によって「埋甕」と呼ばれているこの習俗は、縄文考古学の権威者の渡辺誠氏によって、死んだ赤児の一日も早い再生を願ってされたものだったと明快に説明されています[5]（図9）。つまり当時の人々は、死んで生まれたり、生まれてすぐ死んでしまった赤児を特別に憐れみ、このようなやり方でその子の母親になる女性が、いつもまたいで通る場所にわざわざ、地母神の子宮を表わした甕に入れて、埋葬してやっていました。そうすればその甕の上を母親がまたぐときに、そこに埋葬されている死んだ赤児の魂が、地母の子宮を出て母の股間から胎内に入り、また妊娠されて再生できると、信じられていたからだというのです。

長野県諏訪郡富士見町の唐渡宮遺跡から出土した埋甕の胴体の外側の下の部分には、きわめて興味深いと思われる絵が描かれています（図10）。渡辺誠氏によれば、それは埋甕に葬られた赤児の魂が、股を大きく開いた母親の股間から、今まさに体内に入って行くところを生々しく表わしたもので、その絵を渡辺氏はこう解説しています[6]。

大型の「埋甕」の外面下部に、まさしく子供の魂が女性の胎内に入るところを、黒色顔料で描いた珍しい絵がある。二本線で描かれた両足は左右に大きく踏んばり、下腹部には楕円形の女性器が誇張され、ここから地面に向かって四条の線が垂れている。これは死んだ子供の魂が、大地からかげろうのごとく母親となるべき女性の胎内に入る様子を示しているのである。この絵を出産の様子ととる説もあるが、女性の腹部に妊娠線を示す中軸線がみられないことや、乳房が大きく描かれていないことから、やはり子供の魂の「再入」と考えるべきであろう。

住居の入り口に甕形の土器を埋めて、その中に死んで生まれたり、生まれてすぐ死んだ赤ん坊を葬った「埋甕」の習俗と並行して、縄文時代の中期の後半の住居には、もう一つ目立つ変化が起こっています。中期の前半には、住居の中央にあった炉の位置が、この時期になると、入口と反対の家の奥の壁により近い位置に移動しているのです。そのために炉と奥の壁のあいだの空間が狭くなります。そしてその狭くなった、家の奥の壁と炉のあいだの空間にしばしば、石の壇が作られたり、石が敷き並べられたり、石の柱などが立てられるようになるのです。

土間に面し、奥の壁を背にした囲炉裏端と言えば、近年まで農家では一般的に「横座」と呼ば

(5) 渡辺誠「再生の祈り——祭りと装飾」、梅原猛・渡辺誠『人間の美術1　縄文の神秘』学習研究社、一九八八年、七五頁。
(6) 同右。

れて、その家の主人の座る席とされてきました。縄文時代の住居でも、そこに人が楽に座れるだけの空間がある場合にはやはり、その場所はとうぜん、家の主人の席だったに違いありません。ところが中期の後半の住居では、その空間が狭まった上に、さらにそこにいま述べたような、祭壇の意味を持ったと思われる施設が置かれて、そのために人の座れる余地がなくなってしまうという傾向が、はっきり見られるのです。

つまり縄文時代の中期の前半には、とうぜん家の主人の席だったと思われる場所が、中期の後半には祭壇によって占められるようになるのです。それはこの時期に、それまでは屋外の広場などで実施されていた祭りの場所が、家の中に移され、それに伴って住居はそれ自体が、神聖な祭場の意味を持つようになったためだと想像できます。そのことはまたこれらの石の「祭壇」のある住居では、その「祭壇」の前に位置する炉が、特別に大きくて深い傾向があることからも、確かめられると思われます。つまりこれらの炉では、生活に必要である以上に盛大に火が燃やされ、その火を燃やすことには祭りの意味があったと思われるのです。このように祭場としての意味を持つことによってこの時期の住居は、当時の人々から、それ自体が女神の体にほかならぬと、はっきり意識されるようになっていたに違いありません。

それで当時の人たちは、その女神の子宮に通じる産道と見なされるようになった住居の入口に、これもやはりそれ自体が女神の子宮を表わす意味を持っていたと思われる、甕の形をした土器をしばしば埋めるようになったのでしょう。そしてその埋甕の中に、せっかく母の腹にいったんは受胎されたにもかかわらず、無事に成長して人間としての生を経験することができずに、憐れにも夭逝してしまった赤ん坊を、埋葬してやったのだと思われます。それはそうすることで、その子の魂が一日も早く、また女神の子宮から産道を経て、埋甕の上をいつもまたいで通る母親の体内に入り、そこにまた妊娠されてこの世に再び生まれてこられるようにしてやろうとしていたからに違いありません。

縄文時代の中期の末から後期の前半にかけての時期には、このように祭りの場となった家をそのまま女神の体と見なす信仰に、いっそうはっきりした形で表現を与えたと思われる構築物が作られました。それは専門家によって「柄鏡形住居」と呼ばれている、独特な形をした建造物です（図11）。この建物は普通は集落の中に、通常の竪穴式の住居に混じって建てられています。「柄鏡形」と名づけられたのは、埋甕のある入口の部分が、円形あるいは方形をした建物の主体部から、まさに鏡の柄を思わせるような、細長い長方形をして、突き出すような形状をしているからです。そして埋甕はこの「柄」のような入口の通路が、建物の主体部と接続するあたりか、または「柄」の先端のところに施

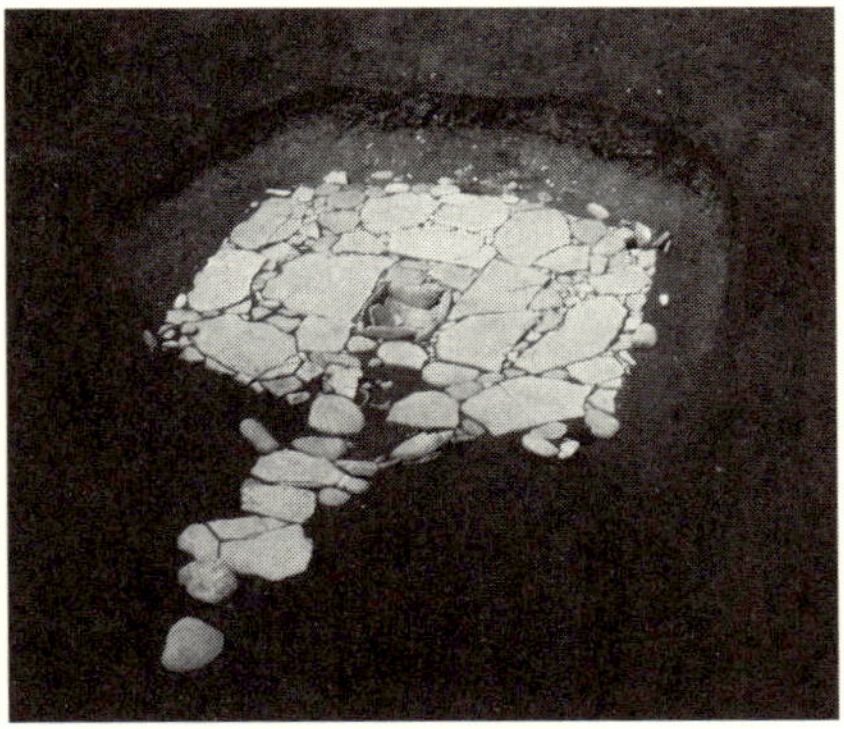

図11　群馬県梨木平遺跡で発掘された柄鏡形住居（土肥孝編『日本の美術３　縄文時代Ⅱ（中期）』至文堂より）

されています。

「柄鏡形住居」と呼ばれているこの建造物はまず、同時期の普通の住居よりずっと狭いので、そのことからそれが「住居」と名づけられていても、中で普通の生活をするための家ではなかったことが推定できます。また床には全面か一部分に、石が敷きつめられていることが多いので、そのことから縄文時代の中期の後半に、住居の奥に設けられるようになった、祭りのための石の壇や敷石などとの関係が想定できます。つまり中期の末になると人々は、その前の時期にはいったん、普通の住居の奥の部分を占めるようになっていた祭りのための石の施設を、より広げて屋内に大きく拡大しました。それでその変化に伴って、通常の住居には納まりきらなくなった祭りのための場所として、集落内にしばしば普通の住居とは別に、この「柄鏡形住居」を建てるようになったのだと想像できるのです。そのことはこの特別な形式の建造物が、一つの集落の中で占めていたことが確認されている位置関係からも、はっきり確かめることができると思われます。

神奈川県川崎市の初山遺跡で発掘された集落の址では、中央の広場を中間にはさんで、東側に一時期に六軒の住居がありました。そしてそれらと向かい合って、広場の西側からは、直径が一〇メートルを超す二つの大きな竪穴が見つかっており、それらはおそらく住居ではなく、集会場の役をした建物の址ではないかと推定されています。「柄鏡形住居」はこの集会場と思える建物のあった場所に隣接してただ一軒だけ建てられていました。しかもその時期は、集会場のあった時期とのあいだにずれがあり、「柄鏡形住居」の方がより新しい時期に設けられていたものでした。つまり問題の「柄鏡形住居」はこの集落でまさしく普通の住居群と広場をはさんで、向かい合う位置にあったわけです。しかもこの建物の入口である、鏡の柄のような形をして突き出た部分は、広場の方に向いていたことが、発掘調査によって確認されています。

このことからこの「柄鏡形住居」が、この集落の東側に弧を描くようにして立ち並んでいた六軒の住居の住人たちによって、二軒の集会場が使われなくなったのちに、それらに代わって何か特別な目的のために、共同の施設として利用されていたことが明らかだと思われます。そしてその利用は、祭りのためだったに違いありません。なぜならこの初山遺跡の「柄鏡形住居」にも、同じ時期にたてられた、他の大部分の同形の建物と同様に、床に祭場があったことを示すと思われる敷石が施されていたからです。

「柄鏡形住居」がこのように、祭りの場所だったと考えると、その独特な形が表わしていた意味が、きわめてよく理解できます。なぜならこの建物の主体部を、そこで祭りを実施するための女神の子宮に見立てると、鏡の柄の形をした入口の通路はまさに、産道を表わすのにこの上なく適切な形をしています。縄文時代の中期の後半に人々はやはり、祭りの場所となった建物を女神の体と、その建物への入口を産道と見なしました。中期の末には、そのことを形の上でもはっきり表わした「柄鏡形住居」が、そこで人々が共同の祭りを行うための建造物として、建てられたのだと思われるわけです。

女神の子宮と見なされたこの建物の内部に入って、そこで神聖な祭りを実施し、そのあと女神の産道と見なされた柄鏡形の通路を通り抜けて外界に出てくるとそのたびごとに、人々は自分たちがまた母神の胎に妊娠され、そこからまた尊い女神の子として分娩されて、再生を果たしつつあるのだということを深い感銘を覚えながら実感していたのだと思われます。つまり「柄鏡形住居」は、そこで行われる祭りを通して当時の人たちの心に、彼ら一人ひとりが、土偶によっても土器によっても、また祭場である建造物によっても表わされている母神と、母と子のきずなで固く結ばれているのだという思いを、刻みつける役をしていたわけです。

9　今も日本人の心に生き続けている縄文時代の母神

紀元前三世紀ごろかあるいはそれよりも以前からわが国では、それまで一万年以上もの長いあいだにわたって続いた縄文文化に代わって、弥生文化と呼ばれる別の先史文化が行われるようになり、それと共に水田で稲を作ることが普及しました。だが縄文文化の伝統は、それによってけっしてとだえてしまったわけではありません。縄文時代に土偶や土器によって姿を表わされて崇められていた、地母神だった大女神の性質は見てきたように、イザナミをはじめとしてオホゲツヒメやウケモチなど、八世紀に編纂された『古事記』と『日本書紀』の神話の中に出てくる、いろいろな女神たちによく受け継がれています。それだけではありません。約一万年ほどにもわたって、縄文時代の人々の心の中に生き続けた大女神は、それから二千何百年かあとに、同じ国土の上で生活している現在の日本人の心の中でも、けっして生命を失ってはいないのです。その縄文宗教の大女神は、今もなお日本人の心の中で、目には見えませんが、意外なほど強い働きを続けています。そして意識されているよりずっと大きな影響を、日本の文化と、日本人の生き方や考え方に、さまざまな面でおよぼし続けていると考えられるのです。そのことを、とても印象深く分からせてくれると思われる事実が、分析心理学の権威者だった河合隼雄氏によって報告されています。

河合隼雄氏は、学校恐怖症の治療を受けていた中学二年生の男子が、次のような夢を見たことを報告しています。「自分の背の高さよりも高いクローバーが茂っている中を歩いてゆく。すると、大きい大きい肉の渦があり、それに巻きこまれそうになり、おそろしくなって目が覚める」[7]。

この少年が夢の中で巻きこまれそうになって、恐怖をおぼえたという巨大な肉の渦について河合氏は、こう的確と思われる解説をされています[8]。「この場合の渦は、渦巻線としてよりは、何ものをも吸い込んでしまう深淵としての意義が大きいが、このような深淵は、多くの国の神話において重い役割を演じている。すなわち、地なる母の子宮の象徴であり、すべてのものを生み出

(7) 河合隼雄『無意識の構造』中央公論社、一九七七年、七〇頁。
(8) 河合隼雄『ユング心理学入門』培風館、一九六七年、九〇頁。

す豊穣の地として、あるいは、すべてを呑みつくす死の国への入口として、常に全人類に共通のイメージとして現れるものである」。

この解説のまさにその通りに、少年がこの夢で見た「大きい大きい肉の渦」は、少年が自分では意識せずにそのとりこになっていた、あらゆるものを子宮に呑みこんでしまおうとする大地母神の強烈な力で、それがこのような生々しいイメージに具象化されて、夢の中に出てきたのだと思われます。この少年は意識していませんでしたが、彼の心の深層では、このような母神のすさまじい力が働いていました。それでその呑みこもうとする力のせいでこの少年は、通常の学校生活をすることのできないような、心理状態におちいっていたわけです。

この少年について河合氏は、もう一つきわめて興味深いと思われることを報告されています。彼が「学校を休んで最も熱中していたことは、石器時代の壺を見ること、そしてそのまがいものを自分で焼いて作ってみることであった」と、いうのです[9]。日本の少年が見たり、まがいものを作ることに熱中した、石器時代の壺と言えばそれはとうぜん、縄文土器の壺であったにちがいありません。縄文土器の壺に、それが作られた当時の文化のなかではもともと、この時代の人々によって崇められていた、大地母神の姿を表わした像としての意味があったことは、これまでにくわしく見てきた通りです。

現代の日本の少年が、当人は意識していない心の深層で働いている母神の強烈な力のせいで、正常な生活ができずにいました。そしてそのあいだこの少年はまた、もともと縄文時代の母神を表わす意味を持っていた、土器の壺に対して、なぜか異常な執着を持たずにいられず、その壺の魅力にいわばすっかりとりつかれたような状態になっていたというのですから、この少年は一言で言えば明らかに、彼の無意識の中で働きを続けている、縄文宗教の母神のとりこになっていたわけです。そして縄文時代の人々が、土器の壺によっても姿を表わしていた、その母神の強烈な呪縛にさまたげられて、学校に行くことができなくなっていたのだと思われます。

縄文時代に一万年以上にもわたって、わが国で崇められていた母神はやはり、今も日本人の心の奥底に生き続けて、目に見えぬ強い力を持ち続けています。現在の日本人もそのことを意識してはいませんが、じつはあらゆる面で、その母神の力の影響を強く受けながら生き、文化を営んでいるので、河合隼雄氏が報告された少年が見た印象的な夢は、そのことをわれわれにまざまざと思い知らせる意味を持っていると思われます。

（9）注（8）同書、九二頁。

第二章　ヌナカハヒメとの結婚によって完成した八千矛の神の国作り

1　ヤチホコの神とヌナカハヒメの歌のやり取り

『古事記』に語られている神話の中に、オホクニヌシの神が、ヤチホコ（八千矛）の神という渾名で呼ばれて登場している箇所があります。そこではヤチホコの神であるオホクニヌシが、まずコシ（高志）の国に住むヌナカハヒメ（沼河比売）という女神と、次に彼の正妻のスセリビメ（須勢理毘売）と、それぞれ長い歌を詠み合ったことが、その四首の長歌を短い説明と並べて掲げた歌物語の形で語られています。それによりますとヤチホコの神はまず高志の国のヌナカハヒメの住まいに行き、そこで次のような歌を詠みました。

八千矛の　神の命は
八島国《やしまくに》　妻枕《ま》きかねて
遠遠し　高志の国に
賢《さか》し女《め》を　有りと聞かして
麗《くは》し女《め》を　有りと聞こして

さ婚《よば》ひに　あり立たし
婚《よば》ひに　あり通はせ
大刀《たち》が緒《を》も　いまだ解《と》かずて
襲《おすひ》をも　いまだ解かねば
嬢子《をとめ》の　寝《な》すや板戸《いたど》を
押《お》そぶらひ　我が立たせれば
引《ひ》こづらひ　我が立たせれば
青山に　鵼《ぬえ》は鳴きぬ
さ野つ鳥《とり》　雉《きぎし》はとよむ
庭《には》つ鳥《とり》　鶏《かけ》は鳴く
心痛《うれた》くも　鳴くなる鳥か
この鳥も　打ち止めこせぬ
いしたふや　天馳使《あまはせづかひ》
事《こと》の　語言《かたりごと》も　是《こ》をば

つまりオホクニヌシは、自分をヤチホコ（八千矛）の神の命《みこと》と名乗りながら、その自分が遠くまで鳴り響いているヌナカハヒメの才色の評判を聞いて、この遥遠な高志の国まではるばる求婚に来たと歌いかけたわけです。そして太刀の緒もまだ解かず、上に着ている衣もまだ脱がずに、彼女の寝ている住居の前に立ち、固く閉まっている板の戸を何度も押したり引いたりして、熱心に求愛していると、そのあいだに夜明けが近づいて、山ではヌエつまりトラツグミが鳴き、野原ではキジが音をたて、家の庭では鶏が鳴き出します。それでヤチホコの神は、いまいましい鳴き声を立てて自分の求愛が実を結ばぬうちに夜が終わったことを思い知らせるその鳥たちに激しい怒りを向け、そこまで自分の供をしてきた従者たちを、天馳使つまり空を飛ぶ使者である鳥たちと呼んで、歌の最後ではヌナカハヒメから一転して、その従者たちに呼びかけました。そしてその腹立たしい鳴き声をあげて彼の求愛を妨害する鳥たちを撃ち殺して、鳴くのを止めさせろと、彼らに命じたとされているわけです。

そうするとヌナカハヒメは、家の戸を開けずに、中からこう歌を詠み返しました。

八千矛の　神の命
ぬえ草《くさ》の　女《め》にしあれば
我が心　浦渚《うらす》の鳥ぞ
今こそは　我鳥《わどり》にあらめ
後《のち》は　汝鳥《などり》にあらむを
命《いのち》は　な殺《し》せたまひそ

いしたふや　天馳使《あまはせづかひ》
事の　語言《かたりごと》も　是《こ》をば
青山《あをやま》に　日《ひ》が隠《かく》らば
ぬばたまの　夜《よ》は出でなむ
朝日の　笑《ゑ》み栄え来て
栲綱《たくづの》の　白き　腕《ただむき》
沫雪《あわゆき》の　若《わか》やる胸を
そだたき　たたきまながり
真玉手《またまで》　玉手《たまで》さし纏《ま》き
股長《ももなが》に　寝《い》は寝《な》さむを
あやに　な恋《こ》ひ聞《き》こし
八千矛の　神の命
事《こと》の　語言《かたりごと》も　是《こ》をば

つまりヌナカハヒメも、オホクニヌシを八千矛の神の命と呼びながら、なよなよした草のような女であるわたしの心は、「浦渚」つまり入り江の中の潮が引いて浅瀬の砂があらわれたところにいる鳥のようなので、いつまた波が寄せてきて飛び立たねばならぬか分からず、一定してはいられないのですと訴えました。そしていまはこの心は、おっしゃることに従わぬ、わがままな鳥であっても、後には、あなた様のご意向のとおりになる、従順な鳥になるでしょうから、どうかお供の「天馳使」たちに、この鳥を殺させるような乱暴なことはなさらないでくださいと、哀願しました。

そしてそのあとに続けて、いまいったんは夜が明けても、やがて日がまた山に隠れ夜になるので、そのときに満面の笑みをたたえて、どうかまたおいでになられてください。そうすればそのときは、私の真っ白な腕と淡雪のように若々しいやわらかな胸を、そっとたたいて愛撫され、玉のような御手とこの私の手を交わして枕にされ、お御足を長々と伸ばされ私をご存分に抱擁されてお寝《やす》みになられるでしょうから、今はこれ以上むやみに恋い焦がれることは、どうかなさらないでください、八千矛の神の命よと言ったというのです。

それで八千矛の神は、その夜はついにヌナカハヒメと関係を結べませんでしたが、次の夜に女神がした約束の通りに、彼女との交合に耽溺することができたとされ、そのことがこのヌナカハヒメの歌のあとに付けられた説明文に、「故《かれ》、其の夜は合《あ》はさずて、明日《くるひ》の夜、御合《みあひし》為たまひき」と、記されています。

2　国作りの締めくくりとなったスセリビメとの交合

このあと八千矛の神であるオホクニヌシは、『古事記』によれば、いったんまた自分の本拠地の出雲に帰りました。そしてそこから今度は倭《やまと》の国に向かって旅立とうとします。旅の支度をすっかり整えて、片手を乗って行く馬の鞍にかけ、片足をその馬の鐙に踏み入れて、説明文に「其の神の嫡后《おほきさき》須勢理毘売命、甚《いた》く嫉妬《うはなり》為《し》たまひき」と言われているように、ひどく嫉妬して彼を辟易させている正妻のスセリビメに向かって、後に見るような長い歌を詠んで、自分はまた魅惑的な装いを整えて女神たちに求婚しに行くと、宣言しました。そうするとスセリビメは、酒を満たした大きな杯を持って、夫のそばに寄り添って立ち、その酒杯を夫の方に差し上げながら、次のような歌を詠み返しました。

八千矛の　神の命や　吾が大国主
汝《な》こそは　男《を》に坐《いま》せば
打ち廻《み》る　島の埼埼《さきざき》
かき廻《み》る　磯《いぞ》の埼《さき》落ちず
若草の　妻持たせらめ
吾はもよ　女《め》にしあれば

汝《な》を除《き》て　男《を》は無し
汝を除《き》て　夫《つま》は無し
綾垣《あやかき》の　ふはやが下《した》に
苧衾《むしぶすま》柔《にこ》やが下《した》に
栲衾《たくぶすま》　さやぐが下に
沫雪《あわゆき》の　若やる胸を
栲綱《たくづの》の　白き腕《ただむき》
そだたき　たたきまながり
真玉手《またまで》　玉手さし枕《ま》き
股長《ももなが》に　寝《い》をし寝《な》せ
豊御酒《とよみき》　奉《たてまつ》らせ

つまりスセリビメは、夫の神を「八千矛の　神の命や　吾が大国主」と呼びながら、その「八千矛の神」のあなたは男であられるので、旅で回られる島の岬のことごとくにも、海岸の先の至るところに愛しい妻をお持ちだが、自分は女であるので、あなたのほかには男も夫もいないのですと言って訴えました。そしてその後に続けて、どうかふわふわと揺れる綾織りの帳の下に敷かれた、柔らかな絹の夜具と、さやさやと音を立てるコウゾの夜具の下で、淡雪のように若々しい私の胸と真っ白な私の腕を、優しくたたいて愛撫してくださり、玉のような御手を私の手と交わして枕にされて、お御足を伸ばされて私の上でお寝みになられてくださいと言って、自分と交合してくれるように求めました。そしてその前にまず、「豊御酒　奉らせ」と言って、自分の捧げている芳醇な酒を飲んでくれるように、願ったのです。そうすると八千矛の神は、妻の女神のこの願いを、すぐに聞き入れました。それでこのスセリビメの歌の後に、二柱の神は酒杯を交わして、改めて夫婦の誓いを結び、互いの首に手をかけ合って抱擁を遂げたので、そのときから現在まで睦まじく交情しているその姿で鎮座し続けることになったのだとされ、そのことがこの歌物語を締め括る説明文で「如此《かく》歌ひて、即ちうきゆひ為《し》て、うながけりて今に至るまで鎮《しず》まり坐《ま》す。此れを神語《かみがたり》と謂《い》ふ」と記されています。

この歌の前半部で、スセリビメが夫を「八千矛の　神の命や　吾が大国主」と呼んで述べている苦情からは、八千矛の神であるオホクニヌシが旅をして、経めぐる先の津々浦々まで含む各所で、その土地の女神を若草の妻にする、結婚をしていたことが分かります。八千矛神というのは、そのようにして各所の土地の女神たちを妻にする精力絶倫の神として、オホクニヌシを呼んだ渾名だったのだと思われます。なぜなら『日本書紀』には、この名称はオホクニヌシの呼び名の一つとして挙げられてはいますが、この渾名で呼んで神の活動が語られている箇所は『日本書紀』にはなく、『古事記』では今まで見てきた歌物語の中だけ、八千矛の神がした具体的な行動に言及がされています。そしてそこで述べられているのはただ、この神がヌナカハヒメや他の女神たちとした結婚のことだけなのです。

それではいったいなぜ、国中を旅してまわりながら土地の女神たちと結婚することで、オホクニヌシは八千矛の神、つまり八〇〇〇本もの矛を持つ神と渾名されたのでしょうか。八〇〇〇本、つまり無数の矛を持つと渾名されていても、この神がその矛を武器として使って、敵と戦ったということは、神話のどこにも語られていません。八千矛の神の事績として神話に述べられているのは、ただこの神が国中でしてまわった、土地の女神たちとの結婚のことだけです。つまりこの神が持つとされている無数の矛は、矛と言っても敵との戦闘に使われる武器の矛ではなく、女神たちとの結婚を遂行するために、肝心な用具だったと思われるわけです。

矛と呼ばれるのがふさわしい、結婚のために肝心な用具と言えばごく自然に、交合に当たって女性の陰部に突き立てられる、矛を思わせる形に勃起した男根のことが思い浮かびます。旅をして行く先の至るところで、その土地の女神を若草の妻にするオホクニヌシの営為は、矛である彼の陽物を女神たちの体に突き立ててまわることにほかなりませんでした。八千矛の神という呼び名の中で言われている矛は、矛になぞらえられたこの神の雄大な陽根を意味しているのです。それが八千矛、つまり八〇〇〇本の矛と呼ばれたことには、行く先々で土地の女神と交合することに倦まぬこの神が、陽根を無数に持つのではないかと思われるほど、精力が無尽であることを、驚嘆し称揚する意味があったことが、明らかだと思われます。

矛がオホクニヌシにとって、国土を豊かな国に作り上げるために、もっとも肝心な用具だったことは『日本書紀』にもはっきりと述べられています。自分が豊穣な土地に作り上げて支配してきた国を、高天原からその統治者として下される。アマテラス大御神の子孫の神に国譲りをすることを承知したときに、この神は、『日本書紀』の神代第九段の本文によれば、高天原から国譲りを求めるために使者として送られてきた二柱の神、フツヌシとタケミカヅチに、「国平《む》けし時に杖《つ》けりし廣矛《ひろほこ》」と呼ばれている矛を献上しました。そして「吾《われ》此《こ》の矛を以て、卒《つい》に功治《ことな》せることと有り」と言ったと、記されています。これによれば「功《こと》」つまり国を豊かに作り上げる、国作りの偉大な事績を成し遂げるために、オホクニヌシが使った肝心な用具は、「廣矛」と呼ばれている矛で、彼はその矛を国作りに当たって障害となる、敵と戦うための武器としてではなく「杖《つ》けりし」と言われているように、杖として使いました。そして彼が国作りのために経めぐった土地を、杖を突くようにしてその矛で突いて回ったとされているわけです。

　このことから、一方で彼が国作りのために使ったというこの「廣矛」と、他方で妻問いをしながら国中を回ったこの神を呼んだ渾名の「八千矛」の中の矛とのあいだには、じつは本質的な区別はなかったことが明らかだと思われます。「廣矛」とも「八千矛」とも呼ばれている矛はどちらも、精力が絶倫だったこの神の陽根を表わす意味を持っていました。一方の「廣矛」は、その立派な陽根が、見るからに雄大であることを表わした呼称で、他方の八千矛の神というのは、この神が八〇〇〇本、つまり無数の生殖器を持っているのではないかと思えるほど、精力が旺盛無比であることを、嘆賞する渾名だったと思われるわけです。つまりオホクニヌシが、彼の雄大な男性器の象徴だった「廣矛」で土地を突いてまわりながらした国作りは、別の言い方をすれば、この神が八千矛、つまり無数にあるのではないかと思えるほど、強靭な活力がけっして枯渇することのない陽根を駆使して、各所の土地の女神を妻にしてまわった、妻問いの旅にほかならなかったわけです。

ヌナカハヒメとの結婚のことは『古事記』でその妻問いの旅への言及がされるに先立って、最初に記されていますが、じつは八千矛の神の妻問いの旅の締めくくりとなる事件だったのです。そのことを八千矛の神は、先ほど見た彼がヌナカハヒメに向かって詠んだ歌の中で、長い旅の末にやっと行き着いたヌナカハヒメの住む場所を「遠遠し　高志の国」と呼び、そこに来るまでに彼が国中で、多くの女神たちへの妻問いを重ねて来たことを、「八島国　妻枕《ま》きかねて」と言うことで、自身ではっきりと表明しています。つまりヌナカハヒメの住所の高志の国は、オホクニヌシが豊穣な国に作り上げて支配しようとした土地の中のもっとも遼遠な場所で、国の範囲がそこで尽きる果てに位置していました。そこに来るまでに彼が国中を経回りながら妻問いをしてきた女神たちは、明らかにそれぞれの場所の土地そのものの神格化された存在でした。だからその女神たちを若草の妻にしては愛撫し、妊娠させ、出産させることで彼は、各所の土地を肥沃にして、豊かな産物を生じる国にする営為を、倦まずに遂行してきたわけです。「遠遠し　高志の国」に住み、遼遠なその土地を神格化していたヌナカハヒメと結婚を遂げることは、オホクニヌシが八千矛の神として遂行してきたその彼の営為が、それによってついに国の果てにまで及び、彼が企図していたまさにその通りに、完成することを意味していました。

それだから見たような労苦をした末に、ついにヌナカハヒメとの「御合《みあひ》」と呼ばれている交合を遂げたあとにはオホクニヌシは、それ以上は八千矛の神として女神たちに妻問いをするための旅をする必要が、なくなったのです。それでこのヌナカハヒメとの「御合」の後には、彼は見たように本拠地の出雲に帰りました。そしてそこで妻のスセリビメに、これ以上はもう旅に出ることを止めて、自分の捧げる杯の酒を飲み、自分との交合に耽るように要請されると、その願いをすぐに聞き入れました。そしてそれで「盞結《うきゆひ》して、うながけりて今に至るまで鎮《しず》まり坐《ま》す」と言われているように、この正妻と酒杯を交わして夫婦の誓いを改めて固く結び、互いの首に手をかけ合って抱擁したので、その姿で現在まで祭られ続けられることになったのだと、されているわけです。

3　スクナビコナとした国作りの意味

ところが『古事記』には、このようにして正妻との夫婦の契りをあらためて固めたことで、それまで女神たちへの妻問いの旅をしながら遂行してきた国作りを終結させた後に、オホクニヌシが奇妙な小人の神のスクナビコナと兄弟になって、いっしょに国作りをしたことが語られています。スクナビコナと国作りをするために、オホクニヌシはこの神と同道して、国中を旅してまわったことになっています。しかもその国作りがまだ完成せぬうちに、スクナビコナはあるときとつぜんオホクニヌシのもとを去り、海の向こうにある常世の国という別世界に行ってしまったとされています。そのことはオホクニヌシがスクナビコナと出会ったときのことを記している『古事記』の箇所で、「故、それより大穴牟遲《おほなむぢ》（オホクニヌシの別名）と少名毘古那《すくなびこな》と、二柱の神相並《なら》ばして、この国を作り堅めたまひき」と言われているのに続いて、「然《さ》て後は、その少名毘古那は、常世国に度《わた》りましき」と記されています。

オホクニヌシはそれですっかり意気消沈して、「私はこれからどうやって一人で、この国を作ることができるだろうか。どの神といっしょに、私はこの国を作り上げることができるだろうか」と言って、嘆いていました。そうするとそのとき海岸にいたオホクニヌシのところに、光を放って海を照らしながら近づいて来る神がいて、オホクニヌシに「私を祭れば、私があなたといっしょに、国を作り上げよう。そうしなければ、国を完成させるのは難しいだろう」と言いました。オホクニヌシは「それではあなたを、どのようにお祭りすればよいですか」と、尋ねました。そうするとその神は「私を、倭を青々とした垣根のように取り巻いている山々の東の山の上に祭りなさい」と言いました。それでオホクニヌシはこの神を、言われた通りに御諸の山、つまり奈良県桜井市の三輪山の上に祭ったのだとされ、そのことは『古事記』に、こう記されています。

ここに大国主神、愁《うれ》ひて告《の》りたまひしく、「吾独《あれひと》りして、何《いか》にかよくこの国を得《え》作らむ。孰《いづ》れの神と吾《あれ》と、能《よ》くこの国を相作らむや」とのりたまひき。この時に海を光《てら》して依《よ》り来《く》る神ありき。その神の言《の》りたまひしく、「よく我が前を治めば、吾《あれ》能く共與《とも》に相作り成さむ。若《も》し然らずば国成り難《がた》けむ」とのりたまひき。ここに大国主神曰《まを》ししく、「然らば治め奉る状《さま》は奈何《いか》にぞ」とまをしたまへば、「吾《あれ》をば倭《やまと》の青垣の東の山の上《へ》に拝《いつ》き祭《まつ》れ」と答《こた》へ言《の》りたまひき。こは御諸《みもろ》山の上に坐《ま》す神なり。

つまりオホクニヌシはこのようにして、三輪山の大神神社に鎮座することになったこの神、大物主の助けによって、スクナビコナとした国作りを、完成することができたとされているわけです。

このように、これまで見てきた話を、『古事記』に記載されている順序に従って読むと、オホクニヌシはまず八千矛の神として国中を旅してまわりながら、土地の女神たちに妻問いをして、その最後に「遠遠し　高志の国」に住むヌナカハヒメと「御合」を遂げることで、その土地の女神たちとの交情を、彼が豊穣な国に作り上げようとした国土の果てにまで及ぼしました。それから彼は出雲に帰って、そこで正妻のスセリビメとの夫婦の契りをあらためて恒久の関係として固めることで、その妻問いの旅に終止符を打ちました。そのあとで彼はスクナビコナと兄弟になって、この神とまた国中を旅してまわりながら国作りをしました。そしてそのスクナビコナにとつぜん去られたあと、その国作りを、三輪山に祭った大物主に助けられて、完成したことになるわけです。

この話の展開には、明らかに不自然なところがあると言わざるを得ません。なぜならオホクニヌシが八千矛の神としてした妻問いの旅は、見たように『日本書紀』には、この神が「廣矛」で国中の土地を突いてまわって成し遂げたと言われている彼の偉大な功績と区別のない、国土を豊かに作り上げる、国作りのための営為でした。そしてその妻問いによる国作りは、その最後にオホクニヌシが正妃のスセリビメとあらためて悠久の夫婦関係を固める酒杯を交わし抱擁を遂げたことで完結したことになっています。このようにしてすでに、いったん完了したはずの国作りを、オホクニヌシは不離の関係を結んだばかりのスセリビメを出雲に残して、スクナビコナといっしょにまた国中を旅してまわりながら、一からやり直すようにしてくり返したように物語られているわけです。そしてその国作りをオホクニヌシは、最後に大物主に助けられて、ようやく完成させることができたとされています。

このような話の筋の不自然さは、一方のオホクニヌシが八千矛の神としてした妻問いと、他方のスクナビコナとした国作りを、前者のあとに後者という順序で相次いで起こった事件ではなく、同じ出来事をそれぞれが視点を変え、別様に物語っている話と見ることで解消されます。八千矛の神であるオホクニヌシは、妻問いの旅をしながら見たように、各地でその場所の土地そのものにほかならなかった女神の体内に八〇〇〇本、つまり無数の矛になぞらえられた旺盛きわまりない陽根を突き立てては、自身の男性の精をふんだんに注入することで女神を妊娠させ、土地を豊穣にしてまわりました。見方を変えればそれは各所に穀物の種をまき、国中に農作を広めてまわる旅であったと言えるでしょう。そしてスクナビコナはまさしく、そのオホクニヌシが国中を旅しながら栽培を広めてまわった、穀物の種の化身にほかならぬ存在でした。そのことはまずこの神の体躯が、種粒を思わせるほどきわめて小さかったことから明らかです。

スクナビコナがはじめてオホクニヌシのもとにやって来たときのことは、『古事記』にはこう語られています。

故《かれ》、大国主神、出雲の御大《みほ》の御前《みさき》に坐《ま》す時、波の穂《ほ》より天《あめ》の羅摩船《かがみぶね》に乗りて、鵝の皮を内剥《うつはぎ》に剥《は》ぎて衣服《きもの》にして、帰《よ》り来《く》る神あり。ここにその名を問はせども答へず、また所従《みとも》の諸神《かみたち》に問はせども、皆「知らず」と白《まを》しき。ここに谷蟆《たにくくまを》白しつらく、「こは崩彦《くえびこ》ぞ必ず知りつらむ」とまをしつれば、すなはち崩彦を召して問はす時に、「こは神産日神《かみむすひのかみ》の御子、少名毘古那神《すくなびこなのかみ》ぞ」と答へ白しき。故《かれ》ここに神産巣日の御祖《みおやの》命に白し上げたまへば、答へ告《の》りたまひしく、「こは実《まこと》に我が子ぞ。子の中に、我が手俣《たなまた》より漏《く》きし子ぞ。故《かれ》、汝《いまし》葦原色許男命と兄弟《あにおと》となりて、その国を作り堅《かた》めよ」とのりたまひき。故、それより大穴牟遅と少名毘古那と、二柱の神相並《なら》ばして、この国を作り堅めたまひき。

オホクニヌシが出雲の御大《みほ》の御前にいると、そこに珍妙な小人の神が、熟すと一〇センチほどの大きさのさやが割れて船に似た形になるというつる草のがが芋の実を船にして乗り、『古事記』では雁だったと言われている鳥の皮をまるはぎにはいで衣服にしたものを着て、波に運ばれてやってきました。「誰か」といって名前を尋ねても返事をせず、オホクニヌシのお供をしていた神たちに尋ねても、知っている者がだれもいませんでした。するとヒキガエルの谷蟆《たにぐく》が「カカシの崩彦《くえびこ》がきっと知っているでしょう」と言ったので、そのカカシの崩彦を呼んで尋ねると、「これは神産巣日《かみむすひ》の神の御子のスクナビコナの神です」と言ったので、天にいる偉い神のカミムスヒに、そのことを申し上げました。そうするとカミムスヒは、「それは確かに私の子の一人で、私の手の指の股からこぼれ落ちた子だ」と言いました。そしてスクナビコナに、「あなたはアシハラシコヲ（オホクニヌシの別名）と兄弟になって、いっしょに国を作り堅めなさい」と、命令しました。それでこのときからスクナビコナは、別名をオホナムヂとも言うオホクニヌシと兄弟になって、いっしょに国作りをすることになったのだというのです。

『日本書紀』の神代第八段の一書第六には、この神が極端に小さかったことが『古事記』におけるよりもいっそう強調されて物語られています。それによるとオホクニヌシがあるとき、お供の神たちと海岸で食事をしようとしていると、海の上から声が聞こえてきました。不思議に思ってその方を探してみましたが、声を出している者の姿は、だれの目にもまったく見えませんでした。だがしばらくすると一人の小さな男が、白蘞《かがみ》（ガガイモ）の皮で作った船に乗り、鷦鷯《さざき》つまりミソサザイの羽を衣服にして、塩水に浮かばれてやって来るのが見えたので、オホクニヌシがつまみ上げて手の平に置いてもてあそぶと、跳びはねてオホクニヌシの頬にかみついたというのです。そのことは、こう物語られています。

初め大己貴神《おほあなむちのかみ》の、国平《む》けしときに、出雲国の五十狭狭《いささ》の小汀《をはま》に行到《ゆきま》して、飲食《みをし》せむとす。是《こ》の時に、海上《わたつみのうへ》に忽《たちまち》に人の声有り。乃《すなは》ち驚《おどろ》きて求《もと》むるに、都《ふつ》に見ゆる所無《ところな》し。頃時《しばらく》ありて、一箇《ひとり》の小男《をぐな》有りて、白蘞《かがみ》の皮を以《も》て舟に為《つく》り、鷦鷯《さざき》の羽根を以て衣《ころも》にして、潮水《しほ》の随《まにま》に浮《う》き到《いた》る。大己貴神、即ち取りて掌中《たなうち》に置きて、翫《もてあそ》びたまひしかば、跳《をど》りて其の頬《つら》を嚙《く》ふ。

スクナビコナに穀物の種の化身の性質があることは、また『古事記』にこの神が見たように、カミムスヒの子で、この親神の手の指のあいだからこぼれ落ちて下界に来たと物語られていることからも、はっきりと確かめられます。第一章でも見たように『古事記』にはスサノヲが、オホゲツヒメという名の食物の女神のところへ行って食物を求めたという話が記されています。すると体の中に食物を無尽蔵に持っていたこの女神は、鼻と口と尻からさまざまな美味しいものを出し、それをいろいろな御馳走に料理して、スサノヲに食べさせようとしました。ところがスサノヲは、その様子を覗き見していたので、女神が体から排出した汚いものを、自分に食べさせようとしていると思い、怒ってオホゲツヒメを殺してしまいました。そうすると殺された女神の体からは、いろいろなものが発生しました。頭からはカイコが、両目からは稲が、両耳からは粟が、鼻からは小豆が、陰部からは麦が、尻からは大豆が発生したので、カミムスヒがそれらを取ってこさせて、種にしたというのです。そのことは、こう物語られています。

また食物《をしもの》を大気津比売神《おほけつひめのかみ》に乞ひき。ここに大気都比売、鼻口また尻より、種種《くさぐさ》の味物《ためつ》を取り出《いだ》して、種種《くさぐさ》作り具へて進《たてまつ》る時に、速須佐之男命、その態《しわざ》を立ち伺《うかが》ひて、穢汚《けが》して奉進《たてまつ》るとおもひて、すなはちその大宜津比売神を殺しき。故《かれ》、殺さえし神の身《み》に生《な》れる物は、頭《かしら》に蚕《かひこ》生《な》り、二つの耳に粟《あは》生《な》り、鼻に小豆《あづき》生《な》り、陰《ほと》に麦《むぎ》生《な》り、尻《しり》に大豆《まめ》生りき。故是《かれここ》に神産巣日《かみむすひ》の御祖《みおやの》命、これを取らしめて、種《たね》と成《な》しき。

この話によればカミムスヒは五穀などが発生したときに、それらを取ってこさせて種としたことで、穀物の種の親神の働きをしたとされています。その種の親神であるカミムスヒの子の一人で、親神の手の指のあいだからこぼれ落ちて下界に来たというのですから、スクナビコナはまさしく穀物の種そのものの神格化された存在であることに、疑問の余地がまったくないと思われます。

スクナビコナが穀粒、つまり穀物の粒そのものの化身としての性質を持っていることは、さらにこの神が国作りの最中にオホクニヌシのもとを突然去ったときの話からも、はっきりとうかがい知ることができます。見たように『古事記』にはただ「然《さ》て後は、その少名毘古那神は、常世国に度りましき」とだけ記されているこの出来事のことは、『日本書紀』神代第八段の一書第六には、こう物語られています。

其の後に、少彦名命、行《ゆ》きて熊野《くまの》の御碕に至りて、遂に常世郷《とこよのくに》に適《いでま》しぬ。亦曰《い》はく、淡嶋《あはのしま》に至りて、粟茎《あはがら》に縁《のぼ》りしかば、弾《はじ》かれ渡りまして常世郷に至りましきといふ。

この記事の中の「亦曰はく」に記されている事件のことは『伯耆国風土記』の逸文の一つには、こう記されています。

少日子命《すくなひこの》、粟を蒔きたまひしとき、莠の実さわに生いき。即ち、粟に載《のぼ》り、弾かれ常世の国に渡りたまひき。故、粟嶋と云ふなり。

スクナビコナ自身のまいた粟が、見事に完熟したので、その粟の茎に上ったところ、弾き飛ばされて常世の国に渡って行ってしまったというのですから、この話からはスクナビコナが粟の実の粒と区別のない性質を持つことが、この上なく明瞭にうかがえると思われます。

4　大物主の助けが持った意味

このように穀物の種の化身であることが明らかなスクナビコナは、天からオホクニヌシのもとにやって来たときには『古事記』では雁、『日本書紀』では鷦鷯つまりミソサザイだったとされている鳥の羽を丸はぎにした服をすっぽりと、身にまとっていたと物語られています。つまり彼はこのとき、鳥と区別のつかない格好をしていたとされているわけです。

ところがオホクニヌシも、冒頭で問題にした八千矛の神という呼び名で登場している『古事記』の歌物語の中で、ヌナカハヒメとの交合を果たしたあと、出雲に帰ってそこで正妻のスセリビメに向かって詠んだという歌の中では、まずこう歌ったと物語られているのです。

ぬばたまの　黒き御衣《みけし》を
まつぶさに　取り装《よそ》ひ
沖つ鳥《とり》　胸《むな》見る時
はたたぎも　これは適《ふさ》はず
辺《へ》つ波　そに脱ぎ棄《う》て
鴗鳥《そにとり》の　青き御衣《みけし》を
まつぶさに　取り装《よそ》ひ

沖つ鳥《とり》　胸《むね》見る時
はたたぎも　此《こ》れは適《ふさ》はず
辺つ波　そに脱ぎ棄《う》て
山がたに　蒔きし　あたね舂《つ》き
染木《そめき》が汁《しる》に　染衣《しめころも》を
まつぶさに　取り装ひ
沖つ鳥　胸《むな》見る時
はたたきも　此《こ》し宜《よろ》し

つまりオホクニヌシは、倭に向かってまた旅に出かけようとする構えを見せながら、まず黒い衣、次には「鴗鳥《そにどり》」つまりカワセミの羽の色のように青い衣を、丁寧に身にまといましたが、沖にいる鴨がするように、羽ばたきをするように袖をはためかせて、胸のあたりを見てみると、どちらの衣も似合わないので、岸に寄せて返す波のように、そこに脱ぎ捨てたというのです。そしてその後に、山の畑に植えた茜の根をついて作った汁で赤く染めた衣を丁寧に身にまとって、沖の鴨がするように、羽ばたきをするように袖をはためかせて、胸のあたりを見てみると、この衣はよく似合ったので、それを旅に着て行く衣にすることを決めたと言ったというのです。そしてそのあとに続けて八千矛の神は、「いとこやの　妹の命」つまり「愛しい妻の女神よ」と言ってスセリビメに呼びかけながら、こう歌ったとされています。

いとこやの　妹《いも》の命《みこと》
群鳥《むらとり》の　我《わ》が群《む》れ往《い》なば
引《ひ》け鳥《とり》の　我《わ》が引け往《い》なば
泣かじとは　汝《な》は言ふとも
山処《やまと》の　一本薄《ひともとすすき》
項傾《うなかぶ》し　汝《な》が泣かさまく
朝雨《あさあめ》の　霧《きり》に立たむぞ
若草の　妻の命《みこと》
事の　語事《かたりごと》も　是《こ》をば

つまり八千矛の神は、旅に出ようとしている自分とお供の者たちを「群鳥《むらとり》」と呼んで、飛び立とうとしている鳥の群れにはっきりなぞらえたのです。そして自分がその鳥の群れに引かれるようにして、お供の者たちといっしょに旅に行ってしまえば、今は「泣かじ」つまり夫が旅に出かけても、けっして泣いたりはしないと言って強がっているスセリビメも、山に一本だけ離れて生えているススキのように、しょんぼりとうなだれて泣き、その流す涙が朝霧のように空に立ちこめるに違いないと言ったというのです。

これはすでに見たように、八千矛の神がヌナカハヒメと詠み交わした歌の中でも、この神に従っているお供の者たちが、八千矛の神自身によってもヌナカハヒメによっても、「天馳使」と呼ばれて、空を飛ぶ鳥たちのように見なされていることと、明瞭に符合しています。つまり八千矛の神は自身も蠱惑的な鳥の扮装をし、鳥の姿をした「天馳使」たちを従えて、国中の各所の女神に妻問いの旅をしてまわったわけで、それでこの神を迎えたヌナカハヒメも、「我が心　浦渚の鳥ぞ」と行って、一定に定められない自分の心を鳥に同定しながら、「今こそは　我鳥にあらめ　後は　汝鳥にあらむを」と歌って、いま八千矛の神の求めに従順になれないわがままな鳥である自分が、やがて彼の意向のままになる素直な鳥になって、愛撫に身を委ねることを約束しました。そして「その夜は合わずて、明日の夜、御合したまひき」と言われているように、翌晩にその約束の通りに、八千矛の神との交合を遂げたことになっているのだと思われます。

ヌナカハヒメとのこの応酬から、蠱惑的な鳥の姿になって来訪する八千矛の神と交合するに当たっては、その八千矛を突き立てられ、精を注がれて、肥沃にされる土地の女神も、雌の鳥に化身すると見なされていたことがうかがえます。つまり八千矛の神であるオホクニヌシは、各所でその土地の女神に、矛になぞらえられた陽根を突き立て、スクナビコナがその化身だった種を女神の体内に注入して、穀物の栽培を広めてまわったわけですが、その場合に大小の鳥の姿で来訪する八千矛の神とスクナビコナを迎えて、土地の女神も雌鳥の姿で、八千矛の神の陽根とスクナビコナの表わしていた種を、体内に受容するとされていたわけです。このことから見ても、オホクニヌシが八千矛の神として行った妻問いの旅と、スクナビコナとした天下巡行の旅とは、前者の後に後者が起こった別個の出来事ではありません。両方の旅の話はこの神が無尽蔵に思われていた精の活力を存分に発揮して成し遂げた国作りを、それぞれに視点を変えて、別様に物語ったものだったことが明らかだと思われるわけです。

それではオホクニヌシがスクナビコナとした国作りが、最後に大国主の助けによって完成したとされていることには、いったいどのような意味があるのでしょうか。そのことについては、東洋英和女学院大学教授の古川のり子氏によって、卓抜と思われる説明がされています。(10)

大物主は「物の偉大な主という意味の神名ですが、その名で言われている「物《モノ》」という言葉には、国語学の泰斗だった大野晋が、「モノとは、個人の力では変えることのできない『不可変性』を核とする」(11)と言っているような、基本的な意味があります。単なる物体を指して「モノ」と言う使われ方は、じつはその根本の意味から派生したもので、そのことを大野は、こう説明しています。(12)

> いうまでもなく、モノといえば現代語では「物体」という意味を思い浮かべる。現代語の辞書にもモノの最初に「物体」とあるものが多い。これと並んで、「あいつはモノの分らない奴だからなあ」などという。これは「世間の道理が分らない奴だ」ということである。ま

た「世間とはそういうモノだ」とは「そういうきまりだ、お前が知らないだけだ」ということだし、「そんなことするの嫌だモノ」といえば「嫌にきまっている」という表現である。こういう「世間の道理」とか「世間のきまり」という意味は実は古典にもある。それは古語辞典にモノの一つの意味としてははっきり載っている。少し硬い表現だが引用してみると、「モノは推移変動の観念を含まない。むしろ、変動のない対象の意から転じて、既定の事実、避けがたいさだめ、不変の慣習、法則の意を表わす（『岩波古語辞典』）」と書いてある。これは実はモノという言葉の持つ大事な根本的な意味を把握した表現で、一言で言い換えると、モノとは個人の力で変えることはできない「不可変性」を核とするといえる。「不可変性」とはいかめしい言い方だが、具体的には社会の規制・規定のこともあり、儀式・行事の運用でもあり、人生の成り行き、あるいは運命、あるいは道理、また、忘れがたい、動かしがたい事実などでもある。

今日では、一般にモノといえばまず物体を意味すると思われているが、それは物体も不可変な存在であると見たところからモノと呼ぶようになったと考えられる。

（10）古川のり子「日本の神話伝説の意味を考える」、吉田敦彦・古川のり子『日本の神話伝説』青土社、一九九六年、一四六頁。
（11）大野晋『語学と文学の間』岩波書店、二〇〇六年、五〇頁。
（12）同右、四九－五一頁。

つまり不変不動の恒常的な定め、原理、秩序を指すのが、「物」という語の本来的な意味で、たとえば

世の中は　空しきものと　知る時し　いよよますます　悲しかりけり

という有名な『万葉集』巻五第七九三番歌の大伴旅人の歌の中で「もの」は、世の中がむなしいということが、変えることのできない定めであるというために、使われています。

大物主の本領は、その呼び名から明らかなように、まさにこのような意味の「物」、つまり定め、原理、秩序を確立し維持することでした。それだから、この神を国の中心の三輪山の上に、不動の信仰の対象として祭り据えることで、オホクニヌシはそれまで彼がスクナビコナとしてきた活動の結果のすべてを、恒常不動の秩序として確立し、そのことで国作りになお不足していた最後の仕上げを施すことができたわけです。スクナビコナとの旅の締めくくりとして、オホクニヌシはこのように大物主を祭ることで、スクナビコナとしてきたことの結果のすべてを不動の秩序に定めて、国作りを完成させたわけです。

スクナビコナと彼がした旅は見てきたように、観点を変えて述べれば、彼が八千矛の神としてした妻問いの旅でもありました。その妻問いの旅を「遠遠し　高志の国」のヌナカハヒメとの結

婚によって完結させた後に、彼は見たように出雲に帰りました。そしてそこでスセリビメに懇願された通りに、それ以上は妻問いを続けることは止め、あらためて杯を交わし、首に手をかけあって抱擁して、この正妃の女神との夫婦の契りを、不動のものにすることを誓い合いました。そのことで彼とスセリビメとの夫婦としての結びつきは、大物主が三輪山に祭られることによって定まった、恒久の秩序の一部となりました。このようにして、スセリビメとの夫婦関係を、恒久に不動のものとして固めることで、オオクニヌシは国作りを完成させたのだと思われます。オホクニヌシがスクナビコナとした天下巡行の旅と、彼が八千矛の神としてした妻問いの旅とが、たがいに同じ事件を別様に物語った、重なり合う意味があるのと同様に、彼が一方でその妻問いの旅を終結させた後にスセリビメとあらためてした交合と、他方でスクナビコナとした旅の締めくくりとして大物主を三輪山に祭ったこととは、どちらも国作りの仕上がりを画する出来事として、たがいに明らかに呼応しあう関係があるのです。

5　翡翠の女神との結婚

それでは妻問いの旅の最後に八千矛の神がヌナカハヒメとした結婚には、それによってこの神による妻問いが完結したと見なせる、どのような特別な意味があったのでしょうか。八千矛の神によって「遠遠し　高志の国」と呼ばれている、この女神が住んでいた土地が、オホクニヌシが豊かな国に作り上げようとしていていた国土が、そこで尽きるというまさに果てに位置すると見られていたことは、すでに見た通りです。それではその場所にはいったいなぜ、そこが国の果てであると見なされるような、意味づけがされているのでしょうか。

ヌナカハヒメの名の中の「ぬ」は、イザナキとイザナミによって国作りに用いられた玉で飾られた矛のことが、『古事記』では、「天沼矛」、『日本書紀』神代第四段の本文では「天之瓊矛」と記され、「瓊は玉也。此をば努《ぬ》と云ふ」と注記されていることから明らかなように、玉を意味し、「な」は「の」に当たる助詞なので、このヌナカハヒメという神名は、玉の川の主の女神を意味していました。そしてその玉の川の玉《ぬ》というのは、わが国では新潟県南部の姫川の流域からのみ産出し、縄文時代の人々によって特別の価値を持つ宝玉と見なされていたヒスイを指しており、ヌナカハとはそのヒスイの採取される姫川などの河川を意味していました。

縄文時代の人たちはそのヒスイを、原産地から流れ出てきて河川の底に転がっている転石か、またはいったん海へ流れ出たあとで、また波によって打ち寄せられて海岸に漂着する漂石として、採取していました。そしてきわめて堅い石で、加工することが容易でなかったそのヒスイに、ヒスイよりずっと柔らかい竹の管を錐に使い、石英砂を媒材に使って穴を貫通させる困難な穿孔技術を開発して中央部に見事な穴をあけ、長さが五センチから一五センチほどの大珠と呼ばれる宝玉にしていました。このようなヒスイの大珠は、北海道から九州に至るまでの全国で、二百数十個が見つかっています。時代的には、縄文時代前期後半の山梨県北巨摩郡大泉村天神遺跡から出土した、長さ五・五センチのものが知られている最古のもので、縄文時代の中期にもっとも盛んに作られ、後期からそれ以後にかけてまで作られ続けました。

縄文時代に大珠にされていたヒスイは、jadeiteと呼ばれるアルカリ輝石の一種の硬玉で、古い時代に中国で珠（jade）として使われていたnephrite（軟石）は、色はjadeiteとよく似た緑色ですが、角閃石の一種で鉱物学的にはjadeiteとはまったく異なる種類のものであり、jadeiteより柔らかくて加工もずっと容易でした。縄文時代に大珠の材料になったヒスイは、わが国でjadeiteが産出することが知られていなかったために、長いあいだにわたって中国から移入されたものだと考えられてきました。だが硬玉のヒスイが、東アジアにおけるその主な産出地の北ビルマ地方から持ちこまれて、中国で宝玉として用いられるようになったのは、実際には清朝の中期以後のことで、それまで中国のjade文化はもっぱらnephriteのものでした。硬玉のヒスイが中国で使われたのは、現在までせいぜい二〇〇年程度のあいだのことであり、jade文化の長い歴史から見れば、きわめて短期間のことでしかなかったのです。今から約五〇〇〇年も前という古い時代にjadeiteを使用していたのは、世界でただわが国の縄文時代の人たちだけで、前述したこの硬い石に竹の管で穴を貫通させる技術は、彼らにとって不思議な蠱惑力を持っていた石を宝玉にするために、縄文時代の人々によって開発されたものだったのです。

それでは縄文時代の人々はいったいヒスイのどこに格別の魅力を感じて、加工の難しさにもかかわらずこの石を大珠にして、貴重な宝玉として珍重したのでしょうか。考古学者でヒスイの研究家として著名な寺村光晴氏は、それはこの石の持つえも言われぬ美しい、透明度のある鮮やかな緑色の色調が、春の草木の新芽に見られるみずみずしい、生命力の発動・躍動を思わせたからであろうと、考察しています。[13] 出土状態が明らかなヒスイの大珠はほとんどが、墓か墓に関係がある遺構から見つかっています。人骨が残っている例を見ると、静岡県浜松市の蜆塚遺跡と、福岡県芦屋町の山鹿貝塚では、屈葬された人骨といっしょに、もとは遺体に着装されていたと思われる状態で発見されています。ただ前述したように一〇センチ前後の大きさで重いヒスイの大珠を、ネックレスのように首から下げていたとすれば、首筋がすれてしまうので、日常的な飾りとして使われていたとは考え難く、寺村氏は何か特別なときに、呪術的な目的で着装されたのではないかと推測しています。つまりこれらの大珠の発見された墓に葬られていたのは、共同体の祭りを司っていた呪術者で、大珠は春に自然と人々の復活と再生を祈って執行された祭りのおりに、被葬者によって着用された可能性が強いと考えられるわけです。[14]

蜆塚遺跡と山鹿貝塚から人骨といっしょに見つかった大珠は、どちらも被葬者の遺体の胸にあたる位置から出てきたものと目されています。つまり被葬者は祭りのおりに大珠を胸の上に垂下して、呪術を行っていたと想定されているわけです。しかし考古学者の藤田富士夫氏は、発見された遺骨との関係をより厳密に検討してみると、どちらの大珠も遺体の胸よりむしろ、腹部のへそのあたりに置かれていたと思われることを、指摘されています。そして生命の宿る場所と見なされていた腹や、母胎とつながる部位だったへそとの密着した結びつきからも、これらの大珠が不老長生や再生に通じる呪物としての役割を担っていたことが、はっきりと確認できるとされています。(15)

この寺村氏と藤田氏の考察が肯綮に当たっていることは、『万葉集』の歌からも、確かめられると思われます。『万葉集』巻一三には三二四七番歌として、ヌナガハの玉のことを詠んだ、次の歌が載せられています。

沼名川の　底なる玉　求めて　得し玉かも　拾ひて　得し玉かも　あたらしき　君が　老ゆらくも惜しも

そして同じ巻でこの歌のすぐ前に出てくるのが、月の世界にあると信じられていた、人を若返らせる力のある、不老長寿の水（変若水）のことを歌っている、次の有名な長歌とその反歌です。

(13) 寺村光晴「ヒスイの玉とヒスイ工房」、森浩一編『古代翡翠文化の謎』新人物往来社、一九九八年、一〇七－八頁。
(14) 同右。
(15) 藤田富士夫「ヒスイと古代人の心」、注（13）前掲書、一二四－六頁。

天橋も　長くもがも　高山も　高くもがも　月読の　持てるをち水　い取り来て　君に奉りて　をち得てしかも（巻一三－三二四五）

天なるや　月日のごとく　我が思へる　君が　日に異《け》に　老ゆらく惜しも（巻一三－三二四六）

この長歌と反歌は言うまでもなく、月の神のツクヨミが、人を若返らせる力のある「をち水（変若水）」を持っているという信仰を踏まえて、自分も天に行くためのはしご、または天まで届くように見える高い山を伝って、月にまで上って行って、その変若水を取って来て、あなたに差し上げて若返っていただきたいと思うのに、はしごの長さも高山の高さも足りず月に行き着けず、そのために思いを捧げるあなたが、日ごとにどんどん年老いていくのが本当に残念だという想いを歌っています。そしてそのあとに三二四六番歌の結末に、「君が　日に異に老ゆらく惜しも」と言われているのと符合して、やはり「君が　老ゆらく惜しも」と言って、「思う人が年老いていくのが口惜しい」と言って嘆いている三二四七番歌が続けて置かれているので、この歌に出てくる「沼名川の玉」は、三二四五番歌に歌われている「月読の　持てるをち水」と、対比できる意味を持つものとして扱われていると考えるのが、自然ではないかと思われます。その意味について大林太良は、「私はやはり、沼名川の玉に天の水と同じ若返らせる力がある。だからその玉であなたを若返らせたい、しかし、あなたが老いていくのが惜しいという意味ではないかと思っている」と考察しています。(16) また藤田富士夫氏は三二四七番歌の大意は、「渟名川（＝沼名川）の底にあるという不老長寿の玉は、交易で求めて得る玉なのだろうか。それとも川底から拾って得る玉なのだろうか。手にいれてわが君に奉りたい。君が日ましに年老いてゆかれるのがとても惜しい」ということではないかと、述べています。(17)

縄文時代の人々によって、沼名川の玉であるヒスイが、命をみずみずしく若返らせる月にある変若水にも匹敵する不思議な霊力のある神秘な宝玉として、こよなく貴ばれていたことはこのように、『万葉集』の歌からもはっきり確かめられます。ですから、そのヒスイは印象的な大珠に加工されて、各地で共同体の呪術者に専有され、人と自然に活力をよみがえらせるための祭りのたびにその祭りを主宰する呪術者の恐らく腹のへそのあたりに飾られ、そこから鮮やかな緑色の光彩を放って、祭祀の目的を達成させると信じられていたのです。

ヌナカハヒメとの結婚を果たしたことで八千矛の神は、このようなあらたかな霊力を持つ宝の主である女神を妻にしました。そのことによってこの神は以後は、自分の支配する国の各所に、その宝を供与できる力を持つことになりました。そのことは当然、八千矛の神の矛である陽根の威力が、このヒスイの霊力によって、いっそう格段の力を発揮できるようになったことを意味し

（16）大林太良「古代のヒスイロード」、注（13）前掲書、一六二頁。
（17）注（15）前掲論文、一三五頁

ていました。それでこのヒスイの主のヌナカハヒメとの結婚によって八千矛の神は、彼の妻問いによる国作りがついに国の果てにまで及び、達成されたと見なしたのです。

第三章　アマテラス大御神に見る日本人の憧憬の化身

1 生まれるとすぐに天上の神々の女王になったアマテラス大御神

日本神話の主人公の神は言うまでもなく、目映い光で世界を照らしている、太陽の女神のアマテラス大御神です。『日本書紀』に本文として記されている神話ではこの女神が、イザナキとイザナミが最後に生んだ四人の子どもたちの一人で、ツクヨミ、ヒルコ、スサノヲという三人の弟神たちに先立って誕生したとされています。イザナキとイザナミは太古に天から降りて来て地上で最初の夫婦になり、まず「大八州《おほやしま》」と呼ばれる、日本の国土となる島を産み、そのあとに続いていろいろな神々を産んだとされている男神と女神です。『日本書紀』の本文によればこの二神は、その終わりにこう言い合いました。

吾已《われすで》に大八州国及び山川草木を生めり。何《いかに》そ天下《あめのした》の主者《きみたるもの》を生まざらむ。

二神は、自分たちがした「国産み」と「神産み」の締め括りとして、「天下の主者」つまりでき上がった世界の支配者になる偉い神を誕生させることにしたというのです。そしてそのために生まれたのが、オホヒルメノムチ（大日孁貴）とも、アマテラス大神ともいう太陽の女神で、イザナミの胎から生まれ出るとすぐに、「此の子、光華明彩《ひかりうるは》しくして、六合《くに》の内に照り徹る」と言われているように、麗しい光輝を燦然と放って、世界を明るく照らしました。

両親の神はそれで、自分たちが意図したまさにその通りに、「天下の主者」になるのにふさわしい、世にも尊い子《みこ》の神が生まれたことを大喜びして、「自分たちには多くの子がいるが、こんな不思議きわまりない霊威を持った子は、ほかにいない。いつまでも下界に留めておいてはならないので、すぐに天に送って、天上界を授けて治めさせよう」と、言い合いました。そしてそのときには天と地が、まだ今ほど遠く離れていなくて、一本の柱で連結されていたので、その「天柱《あめのみはしら》」を通して天上に送り昇らせたのだと言われています。そのことは、こう物語られています。

故《かれ》、二《ふたはしら》の神悦びて曰はく、「吾が息多《こさは》ありと雖《いへど》も、未だ若此霊《かくくしび》に異《あや》しき児有らず。久しく此の国に留《と》めまつるべからず。自づから当に早《すみやか》に天に送《おくりまつ》りて、授くるに天上《あめ》の事を以てすべし」とのたまふ。是の時に、天地、相去ること未だ遠からず、故《かれ》、天柱《あめのみはしら》を以て、天上《あめ》に挙《おくりあ》ぐ。

一方で、『古事記』ではアマテラスは、イザナミからではなく、父神のイザナキの左の眼から生まれたことになっています。この話ではイザナミは、神産みがそろそろ終わりになろうとしていたところで、火の神のカグッチを産んだために、その子の火で陰部に大火傷を負って、苦しみながら死んだとされています。イザナキは、イザナミを生き返らせて地上に連れ戻そうとして、地下の死者の国の黄泉の国まではるばる迎えに行きましたが、けっきょくそのことに失敗して、一人で帰って来なければなりませんでした。地上に帰って来たところでイザナキは、黄泉の国で身に付いた汚れを洗い清めるために、竺紫《つくし》の日向《ひむか》の橘《たちばな》の小門《をと》の阿波岐原《あはきはら》というところに行って、河に入り禊《みそぎ》をしました。そしてその最後に（つまり全身がすっかり清浄になったところで）、左右の目と鼻から、アマテラスとツクヨミとスサノヲを、次々に誕生させたと物語られています。

このときイザナキは、それまで多くの子を生まれさせてきてその最後に、これらの三柱の格別に尊い子が出生したことを大喜びしました。そしてすぐに自分の首に掛けていた玉の飾りを取り、それを厳かに音を鳴り響かせてゆらしながら授けてアマテラスに、「あなたは天上の世界を支配しなさい」と、命令したとされています。そのことは、「すなはち御頸珠《みくびたま》の玉の緒もゆらに取りゆらかして、天照大御神に賜ひて詔りたまひしく、『汝命《いましみこと》は、高天の原を知らせ』と事依《ことよ》さして賜ひき」と語られています。

そうするとアマテラスは、自分がこの任命を受けたすぐあとにイザナキから、「汝命《いましみこと》は、夜《よる》の食国《をすくに》を知らせ」と言われて、夜の世界の支配を命じられていた弟の月神ツクヨミといっしょに、父神の指示の通りに、すぐにそれぞれが天と夜の支配者の務めを果たしはじめたとされています。

そのことは、「故《かれ》、各《おの》依《おのよ》さしたまひし命《みこと》の随《まにま》に、知らしめす」と語られています。日本神話では、天上の神々の世界である高天の原には、「八百万《やほよろづ》」、つまり無数の天神たちがいることになっています。そしてその夥しい数の男女の天神たちを統治しているのは、女神のアマテラス大御神だとされています。しかもその天神たちの女王のアマテラスは、生まれながらにして天上界の支配者になるのが当然の資質を備えていることが、一目瞭然でした。それで母神の胎または父神の左の目から出生するとただちに、明々白々だったその天稟を親神に認められて、どこからも何の抵抗も異議も受けずに、まったく自然のこととして、天界の女王の地位に即いたことになっているわけです。

2　他の神話で最高神たちが神々の王になるためにした戦い

天上に神々の世界があって、そこに神の王がいることになっている神話は、世界にたくさんあります。地上の人間のあいだに王がいて、国を支配する制度がある場所で作られる神話では、天上にも人間の王の模範になる偉い神がいて、他の神々を指揮しながら、世界を統治していることになっているのが普通だからです。そのような神話を宗教学者たちは、「王権神話（kingship myth）」と呼んでいます。ただそのような王の制度を持つ古代文化を基盤として生まれた「王権神話」の中で、天上の神々のあいだで王位を占めているとされている最高神は、たとえばギリシア神話のゼウスをはじめとして、古代ローマのユピテル、ゲルマンのオージン、エジプトのレー、バビロニアのマルドゥク、ペルシアのアフラ・マズダー、あるいは中国の天帝などのように、例外がほとんどないと言っていいと思われるほどm、男性の神であるのが通例です。しかもそれらの男性の最高神たちは多くの場合に、自分より前にそこに主として跳梁していた、兇暴な神や怪物を、激しい戦いの末に打ち負かしています。そして自身の親や先祖だったとされていることが多いその強敵を虐殺するなどして世界から抹殺し、その偉業によって自分の無敵の力を満天下に誇示した上で、神々の王の地位に即《つ》いたとされています。

たとえばギリシア神話ではゼウスは、彼の前に神々の王で世界の支配者だった父のクロノスと、その兄たちでゼウスにとって伯父だった、ティタンと呼ばれる太古の神々と、一〇年のあいだ熾烈な戦いをしました。クロノスはレイアという姉の女神を妻にして、ゼウスの兄と姉の神たちを誕生させていましたが、母の大地女神のガイアに、レイアから生まれる自分の息子によって、神々の王の地位を奪われる運命にあると予言されていました。そこでそうなることを避けようとして、レイアの産む子をすべて、生まれる端から自分の腹の中に呑みこんでしまっていました。しかしレイアが最後に末の子のゼウスを妊娠すると、ガイアはレイアがこの息子をクロノスに隠れてこっそり分娩するのを助けてやり、生まれたゼウスをクレタ島の山中の岩屋の中に匿って無事に成長させせました。

それでこうして成人することができたゼウスは、ガイアとそれにメティスという知恵の女神に教えられて、クロノスを騙して吐き薬を飲ませ、腹に呑みこまれていた姉と兄の神たちをすべて吐き出させました。それからなかんずくこうして兇悪な父の腹から解放した兄神のポセイドンとハデスと力を合わせてクロノスとその兄のティタンたちと、ティタノマキア（ティタンたちとの戦い）と呼ばれている長い大激戦を戦い、その最後にそこで手に入れた無敵の武器の雷を投げつけて、ついに敵をすべて打ち倒しました。そして抵抗できなくなった父と伯父たちを、容赦なく縛り上げて、天と地が離れているのと同じだけ大地から遠く隔たった地底の奥深くにある暗黒界のタルタロスに閉じこめて、出て来ることができなくしました。その上で彼は、こうしてこの世からいなくなったクロノスに代わり神々の王として世界を統治し続けることになったのだとされています。

バビロニアの神話ではマルドゥクは、神々すべての祖先だったとされているティアマトという竜蛇の形をした海水の女神を、激しい一騎打ちの末に惨殺しました。そして殺したティアマトの死体から天地を造って、その支配者になったのだとされています。

この戦闘でマルドゥクは、網を投げかけてティアマトを包み、怒って大きく開けた口からティアマトの体内に悪風を送りこんで女神の腹を大きく膨らませました。それからさらにいっぱいに開いたままになっている口から、矢を射こんで、内臓を引き裂き、心臓を射抜いて、ティアマトを殺しました。その凄惨きわまりない殺戮の模様は、創世神話を取り扱った叙事詩『エヌーマ・

エリシュ』に、こう生々しく歌われています。

主（＝マルドゥク）は彼の網を広げて、彼女（＝ティアマト）を包みこみ、
うしろについてきた悪風を、前へ放った。
ティアマトはそれを噛みこもうとして、口を開けた。
彼は悪風を（彼女の体内に）送りこみ、口を閉められないようにした。
荒れ狂う風は、彼女の腹を膨らませた。
彼女の体内は、膨れあがり、彼女は大きく口を開けた。
彼が矢を放つと、それは彼女の腹の中を裂き、
内臓を切りさき、心臓を射抜いた。
彼は彼女をしばり、彼女の生命を奪った。
彼は彼女の死骸を放りだし、その上に立った。

それからマルドゥクは、『エヌーマ・エリシュ』に、「彼は干し魚のようにそれを二つに切り裂き」と歌われているように、ティアマトの死体を真っ二つに裂きました。そして上半分を、「その半分を固定して、天に張りめぐらした」と言われているようにして天にし、下半分からは乳房を立派な山にするなどして大地を作り、ユーフラテス河とティグリス河を、死体の両目から流れ

出させました。そこでこの偉業を神々のみんなから賞讃されて、もっとも年若な神だったマルドゥクが、神々の王として崇められることになったのだと、物語られています。

北欧神話のオージンも、やはりまだ天も地もできていなかった太古に、混沌に近い状態だった当時の世界の主でユミルともアウゲルミルとも呼ばれていた巨大な魔物を、ヴィリとヴェーという二人の弟神たちと力を合わせて戦って、殺しました。ユミルが倒れたとき、その傷から流れ出た大量の血によって大洪水が起き、ユミルから生じていた巨人たちは溺れ死にましたが、ベルゲルミルという巨人とその妻だけが、丸太を刳り抜いた舟に乗って逃げのびました。そしてこの夫婦から、現在の世界で神々と敵対している、兇悪な霜の巨人たちの種族が発生したのだと言われています。

ユミルを殺したあとに、オージンはヴィリとヴェーといっしょに、この巨魔の死骸から、肉を大地に、骨を岩石に、頭蓋骨を天に、血を海にするなどして、現在の世界を創りました。そしてそこにオージンが、神々の王として君臨することになったのだと、物語られています。

3　最高神であり続けるために、エジプトの太陽神レーがした戦闘

古代エジプトの神話で、神々の王になっているのは太陽の神のレーです。このレーについては

他の王権神話の最高神たちと違って神々の王の地位に即くために、その前に世界の支配者だった神あるいは怪物と戦ったということは語られていません。なぜならレーが誕生したときに世界にあったのは、ヌンと呼ばれるただ一面の水の拡がりだけだったからです。レーは世界のはじめに、その広漠とした原初の水のほかにはまだ何もなかったところに、ヌンから生み出されたのではなく、自分自身の力で誕生したのです。そして自分の出現したその場所に、自分自身を小山として創造してその上に立ち、そこで「彼は自身の手の内に、自らの男根を置きて欲望を刺激したり」と言われているようにして、自瀆を遂げました。そして「それによって息子と娘が生まれたり。兄と妹が。シューとテフヌトが」と言われているように、最古の男女の神である空気シューと蒸気テフヌトを、自慰による射精から出生させたとされています。

レーの最古の神殿は、カイロの近くのギリシア語でヘリオポリス（太陽の都市）と呼ばれた町にあり、レーはこの神殿のある場所でヌンから自分の力で誕生を遂げたとされ、そこがレーの崇拝の中心地になっていました。レーはその場所で毎朝、ギリシア人によって不死鳥のフェニックスと同一視されていた、サギの頭とタカの羽を持ち、眩い黄金の光を放つベンヌと呼ばれる神鳥の姿でヌンの原初の水のただ中から出生するのだとも言われ、生まれるとそこに自分と共に出現した小山の天辺から、世界を明るく照らして闇を放逐し、夜を昼に変えるとされていました。世界で最初の陸地となったこの小山のあった場所には、尖塔のオベリスクが、それ自体が太陽を表わす、レーの尊い神体として建立され祭られていました。ヘリオポリスの伝承ではレーは、毎朝ベンヌ鳥の姿でこの尖塔の天辺に止まり、そこから眩しい陽光を放射して、世界に夜明けをもたらすとされていたのです。

神鳥の姿で世界に出現するレーは、鳥の卵から生まれるともされ、この卵を生むのはケンケン・ウェル（グワッ、グワッと鳴く偉大なものという意味の名）と呼ばれる巨大なガチョウだとされています。そして、太古の宇宙を支配していた沈黙のしじまを、最初に破ったのは、このガチョウの鳴き声だったというのです。

古代エジプト人はまた朝ごとに再生する太陽が、ケプリと呼ばれるタマオシコガネムシ（スカラベ）の姿で東天に昇り、そこから太陽の船に乗り、自分から生まれる神々を連れて、天空を航行するとも考えていました。タマオシコガネムシのスカラベは、体長が五センチほどのコガネムシ科に属する甲虫で、日本にはいませんがユーラシアからアフリカに分布しており、自身の糞球を丸め、後ろ向きに後ろ足で転がし、地面に掘った穴に運びこんで、そこに卵を産みつけます。そうすると幼虫は孵化すると糞球の内部を食べて育つので、スカラベは自身の排泄物によって再生を遂げる不思議な虫として、エジプトではこの虫とその転がす糞球が、太陽と同一視され、彫刻、印章、護符、装身具などに、その意匠がさかんに彫られていたのです。

レーが太陽の船に乗ってする天空の航行は、宿敵であるアペプと呼ばれる蛇の怪物の妨害を受け続けます。アペプと戦ってレーを守るのは、太陽神といっしょに航海をしている家来の神たちの役目だともされていましたが、レー自身が蛇の天敵であるマングースの姿になって、アペプを退治することもあるとも信じられていました。だがアペプは殺されてもけっして死んだままにはならず、何度でも生き返ってレーに攻撃をしかけては、執念深く彼の航海の妨害を続けるので、アペプの力が一時的にレーを凌駕すると空が悪天候になり、これも一時的にですがアペプがレーを太陽の船もろともに呑みこんでしまいそうになると、皆既日食になると信じられていました。

夜のあいだレーは、自身も死者になって死体を意味するアウフという名で呼ばれるようになり、メセクテト船と呼ばれる夜の船に乗って、ドゥアトと呼ばれる地下界を航海してまわります。地下界は一二の地方に分かれていて、この夜の航海のあいだもレーは、アペプからの妨害を受け続ける一方で、ドゥアトに住む神々は各地方でレーの船を迎えては、それを次の地方まで綱で引いて行きます。それは地下界には風がまったく吹かないので、船を動かすためにはこうすることが必要だからだと言われています。地下界にいる死者の霊魂も、アウフ・レーの船が自分たちのいる場所を通るときはわずかのあいだだけ、日光を浴びて蘇生し、感謝して歓呼の叫び声をあげますが、船が遠ざかるとまた暗黒の苦悶のうちに倒れ伏さねばなりません。地下界でレーが最後に通過する一二番目の地方は、全体が蛇の形をしていて、夜の航海を終えるとレーは、その蛇の口から吐き出されて再生し、そこでまたタマオシコガネムシのケプリの姿に合体して天に昇り、それからまた昼の空の航海を始めるのです。

レーの不思議な特徴の一つは、その目が持ち主の神から分離して、独自の活動ができることです。このことについては、次のような神話が語られています。

あるときこの目が、レーから離れたままなかなか帰ってこなかったので、レーはトートという神に、目を探して連れ戻してくることを命じました。トートはヌビアまで行って目を捕えてレーのもとに持ち帰ったのですが、そのときにはその目が占めていたレーの顔の場所には、すでに新しい目が出現して輝いていたので、戻ってきた目はそれを見て激怒しました。だがトートがその目の怒りを宥め、そうして機嫌を直した目を、レーは、ウラエウス蛇という恐ろしい毒蛇のコブラの姿にさせて自分の額の上に置きました。このウラエウスとなった目は、それ以後、レーの敵たちに対して、炎と恐ろしい猛毒の毒気を吐きかけながら、レーの世界支配を助けることになりました。この働きによってトートは、レーが夜の航海をしているあいだ、夜空の支配をレーから任せられることになったのだとされています。

レーとその目についてはまた、こんな話も語られています。大昔、レーは王として、地上の人間たちを直接支配しました。だが日暮れが近づくにつれて太陽の力が衰えるのとちょうど同じように、レーの力がだんだん老衰してきて、そのことが人間の目にもはっきり分かるようになり、しまいに人間たちは不遜にも、レーに対して謀反を企もうとしました。このことを知ったレーは神々を集めて、この事態にどう対処するべきか相談をしました。そうすると神々を代表して、レーが原古にそこから生まれた混沌の水の神のヌンがこう言いました。

「レーは今でも偉大であり、その威力はわれわれみんなにまさっている。だからこのまま王位に留まり、反逆を企てようとする者たちの方に目を向けて、自分の恐ろしさを思い知らせてやるべきだ」。

レーがそれでヌンに言われた通りにすると、人間たちはたちまち恐怖に震えあがって山の中に逃げ込みました。レーはそこで目に、ハトホルという女神の姿を取らせて、彼らを懲罰しに行かせました。するとハトホルはレーのこの命令を遂行するのに夢中になり、セクメトという恐ろしいライオンの女神に化身して、人間を殺しまくり、血の海の中で酔い痴れました。その憤怒はもはや、人間を絶滅するまで止まらないと思われました。

しかしレーの意図は、人間を自分の支配に服従させることで、彼らを滅ぼしてしまうことではありませんでした。そこでレーは、ハトホルが前日の殺戮に倦んで眠っている夜のあいだに大量のビールを醸し、赤い果実の汁でそれを血とそっくりの色に染めて、地上にいっぱい流しておきました。するとハトホルは、翌朝に目を覚まして、このビールに自分の顔が映っているのを見ると、その赤く染めたビールを前日に自分が流した人間の血だと思って飲みました。そうして酩酊するとハトホルの気分が和み、人間を殺すのを止めたので、そのおかげで人間は全滅せずにすんだのだと言われています。

4　他の神話の最高神の苛酷さと、対蹠的なアマテラスの慈悲深さ

古代エジプトの神話の太陽神のレーは、太古に自分より前に世界の主だった強敵を、残虐なしかたで抹殺して神々の王になったことを物語られている他の王権神話の最高神の男神たちと違って、まだだれも支配する者のいなかった原古の世界に、最初に誕生した神だったとされています。ですからレーはとうぜん生まれるとすぐに、眩い太陽の光で原古の闇を放逐して、そのまま世界の支配者の地位に即いたのだとされているわけです。ですがそのあとレーは、このようにして争わずに手に入れた神々の王の地位を、自分のものとして保ち続けるために、他の王権神話の神々の王の男神たちと同様に、神であれ人間であれ自分に服従せぬ者に対しては、容赦なく無慈悲な暴力を振るって戦い、そのために残酷きわまりない呵責に訴えることも、躊躇しないとされています。このようにレーも含めて世界の王権神話で、神々の王の地位を占めているとされている最高神の男の神たちには、敵の反抗を絶対に許さない徹底して峻厳な苛酷さが共通の特徴として見られますが、その点で日本神話の最高女神のアマテラス大御神の性質は、これらの他の神話の最高神の男神たちと、水と油と言ってもよいほど、はっきりと違っています。他の神話で神々の王とされている、男神たちの厳しい無慈悲さとは打って変わって、アマテラスは徹底して寛仁で慈悲深いとされているからです。

アマテラスの極端な優しさはとりわけ、弟神のスサノヲの命が天に昇って来て、ひどい乱暴

を働いたときに、この女神が取ったと物語られている措置に、はっきりと見ることができます。『古事記』によればこのときにスサノヲはまず、「天照大御神の営田《みつくた》の畔《あ》を離ち、その溝を埋《うづ》め、またその大嘗《おほにえ》を聞こしめす殿に屎《くそ》まり散らしき」と言われているような、無茶苦茶な乱暴をしました。アマテラスが天上で作らせていた田を、畔を壊したり溝を埋めて荒らした上、その田でできる新穀をアマテラスが召し上がる祭りのために準備されていた神聖な祭場である御殿で、大便をし、さらにそれをまき散らして、その祭場をさんざんに汚したというのです。

　だがこんなひどいことをされてもアマテラスは、スサノヲを罰するどころか叱りもせずに、「屎如《くそな》すは、酔ひて吐き散らすとこそ、我が汝弟《なせ》の命《みこと》と、かく為《し》つらめ、また田の畔《あ》を離《はな》ち、溝を埋むるは、地《ところ》を惜《あたら》しとこそ、我が汝弟《なせ》の命、かく為《し》つらめ」と、無理に言い繕って庇ってやりました。「大便のように見えるのは、スサノヲが酒に酔って、悪意からではなく粗相をして吐いたもので、田の畔を壊したり溝を埋めたのは、畔や溝になっている地面がもったいないと思い、これも善意でしたことだろう」と、言ったというのです。

　そうするとスサノヲは、このように姉神から悪事をすべて大目に見てもらったことで、かえってつけ上がり、「なほその悪しき態《わざ》止まずて転《うたて》ありき」と言われているように、やりたい放題の乱暴を止めずに続けました。そしてしまいにアマテラスが、神の衣をそこで織らせる機織りに使われていた、神聖な建物の屋根の天辺に穴を開けて、そこからまだら色の毛並みをした皮を、生きたまま尻の方から剥ぎ取った、血塗れの馬を、建物の内へ投げ入れました。それでそこで作業に勤しんでいた服織女《はたおりめ》の女神が、びっくり仰天した拍子に、手に持っていた機織りの道具の梭《ひ》（横糸を通すための先の鋭く尖った板）を、自分の女性器に突き刺して死んでしまいました。そうするとそれを見たアマテラスはたちまち怖気を振るって天の岩屋の戸を開き、中に入って内側から戸を固く閉めて、とじ籠ってしまいました。こうして太陽の女神であるアマテラスが隠れてしまったために、日の光が射さず天も地も真っ暗闇になり、世界には暗黒の夜が果てしなく続くことになりました。そのことは『古事記』に、こう物語られています。

天照大御神、忌服屋《いみはたや》に座《ま》して、神御衣《かむみそ》織らしめたまひし時、その服屋の頂《むね》を穿《うがち》、天の斑馬《ふちこま》を逆剝《さかは》ぎに剝ぎて堕《おと》し入るるときに、天の服織女見驚きて、梭に陰上《ほと》を衝きて死にき。故《かれ》ここに天照大御神見畏《かしこ》みて、天の石屋戸を開きてさし籠《こも》りましき。ここに高天の原皆暗く、葦原中国悉に闇《くら》し、これによりて常世《とこよ》往《ゆ》きき。

この話から明らかなように、容赦なく罪を罰し、そのために残酷きわまりないと思われるような呵責に訴えることもためらわない他の神話の神々の王の男神たちと違って、アマテラスは信じられぬほど優しく慈悲深くて、どんなひどいことをされても、罰せずに許してやろうとします。だがその慈悲深さの所為で、殺害が起こった場合にはどうしてもがまんすることができず、極端と思われるようなやり方で、激しい嫌悪を表明せずにいられないとされているのです。

アマテラスがその慈悲深さの所為で、殺害だけは許容することができず、はっきりと忌避せずにいられないことは、『日本書紀』に物語られている、次の話からも明らかです。この神話ではアマテラスの弟神のツクヨミは、当初は父のイザナキから、「日に配べて天の事を知らせ」と命令されて、姉神といっしょに並んで天を支配していたことになっています。そのツクヨミに対してアマテラスは、「葦原中国に保食神《うけもちのかみ》有りと聞く。爾《いまし》、月夜見尊、就《ゆ》きて候《み》よ」と言いました。つまり地上にウケモチという神がいると聞いているので、訪ねて行って様子を見てくるように、ツクヨミに命じたというのです。

それでツクヨミはさっそく言われた通りに地上に降り、ウケモチのもとを訪問しました。そうするとウケモチは喜んで、天からはるばる自分を訪ねてくれた賓客を歓待しようとして、まず顔を国の方に向けてご飯を口から吐き出して、次に海の方を向いて大小の魚を口から出して、それから山の方を向いて肉の美味しい獣や鳥を口から出しました。そしてそのいろいろな食物を御馳走に調えて、大きな台の上に積み上げて、ツクヨミにふるまったのです。

するとこの様子を見ていたツクヨミは、顔をまっ赤にして激怒して「なんという汚い無礼なことをするのか。口から吐き出したものを食べさせようとするとは、何事か」と叫び、剣を抜いてウケモチを斬り殺してしまいました。そして天に帰って、そのことをアマテラスに詳しくありのままに報告したのです。するとアマテラスはそれを聞いてたいそう立腹してツクヨミに、「汝は是悪しき神なり。相見じ」つまり「あなたは悪い神なので、これからはもう顔を合わせない」と、申し渡しました。それでこのときからアマテラスはツクヨミと、昼と夜の空に別れて住むようになり、それによって太陽が空に輝く昼と、月が空を照らす夜が、区別されることになったのだというのです。

ウケモチは、名前に保食神という漢字が当てられていることから分かるように、食物《ウケ》を保持している神です。この神が、ツクヨミに殺されると死体から、牛と馬とカイコの繭と五穀が生じたとされていますが、そのとき陰部から麦と大豆と小豆が発生したと物語られていることから、明らかに女神だったと思われます。つまり体内にさまざまな「ウケ」を無尽蔵に持っていてそれを随意に出すことのできる、食物の主の女神だったわけです。

この話ではアマテラスが、どれほど過敏に殺害を嫌悪しているかは、当初には明らかに弟神のツクヨミにも、はっきりとは理解されていなかったことになっていると思われます。ですからツクヨミは、自分にはとんでもない無礼に思えた振舞いをしたウケモチを、怒って斬殺したあとで、「然して後に復命《かへりことまう》して、具《つぶさ》に其の事を言《まう》したまふ」と言われているように、自分のしてきたことを、細大もらさずその通りにアマテラスに報告したことになっているのでしょう。それを聞いてアマテラスが、「怒りますこと甚しくして曰はく、『汝は是悪神なり、相見じ』とのりたまひて、乃ち月夜見尊と、一日一夜、隔て離りて住みたまふ」と言われているような反応をすることは、ツクヨミにはまったく予想されていなかったことが明らかだと思われます。

このようにアマテラスは、非常な情け深さの故に、罪を罰するよりも許そうとしますが、その一方で「殺害」だけは、どうしても許容することができない性質を持っているとされています。だがその我慢することのできぬ殺害が犯された場合にも、けっして自分で手を下したり、あるいは他者に命令して、その行為を働いた者を積極的に罰することはしていません。スサノヲがひどい乱暴を高じさせた末に、天の服織女の横死を引き起こしたときには、アマテラスは岩屋にこもって、すべての神々の前から自分の姿を隠して、世界中を太陽の光の射さぬ「常夜」の状態に陥れました。またその前に、ツクヨミがウケモチを斬殺して、帰って来てそのことを報告したときには、この弟神と以後は顔を合わせることがないように、昼と夜に別れて空に出ることにしました。つまりどちらの場合にも、あくまで非暴力的なやり方で、殺害に対する激しい嫌悪を表明したとされているわけです。

このようにどこまでも暴力を忌避する徹底した慈悲深さを特徴としていることで、アマテラスの性質には、他の神話の神々の王である男神たちの無慈悲な峻酷さとは正反対と言っても過言ではないと思われるほど、明らかに際立った違いが見られます。

5　処女神のままで、皇室の祖母の母神となったアマテラス

アマテラス大御神のもっとも著しい特徴と言えば、言うまでもないことですが、この女神が男

性との性的触れ合いをけっして持つことのない純潔の処女神である点です。しかも処女でありながらこの女神は同時にまた、皇室の祖母にあたる、母神でもあります。アマテラスがどうして純潔の処女神のままで、皇室の祖母の母神になったかということは、『古事記』に次のように物語られています。

死んだ妻のイザナミを生き返らせて、黄泉の国から連れ帰るのに失敗してひとりで地上に帰って来たあとにイザナキが河に入って黄泉の国で身に付いた汚れを洗い清めるために禊をし、その最後に左右の目と鼻を洗って、アマテラスとツクヨミとスサノヲを出生させ、これらの三柱の尊い子が生まれたことを、大喜びしたとされていることは、前に書いた通りです。イザナキはそれでアマテラスには「汝命（いましみこと）は、高天の原を知らせ」と、ツクヨミには「汝命《いましみこと》は、夜《よる》の食国《をすくに》を知らせ」と命令し、この二神は「故《かれ》、各依《おのおのよ》さしたまひし命《みこと》の随《まにま》に、知らしめす」と言われているように、すぐに父に命じられた通りに、アマテラスは天、ツクヨミは夜の支配者の務めを果たし始めたとされていることも前にみた通りです。

ですがこのときにイザナキが、禊の最後に誕生させてそのことを「吾《あ》は子を生み生みて生みの終《はて》に三はしらの貴き子を得つ」と言って、大喜びをしたとされている三神の中のスサノヲの命だけは、イザナキに「汝命《いましみこと》は、海原《うなばら》を知らせ」と言われて、海の支配を命じられたのに、父神の言うことを聞かずに、あごひげが長く延びて胸元に垂れ下がるようになるまで、ただひたすら激しく泣き叫ぶことを続けました。そのためその泣きわめく声の猛烈な勢いによって、青々とした草木で覆われていた山は、すっかり枯山になり、河と海の水もことごとく乾上がってしまいます。そして世界には、乱暴な邪神たちの傍若無人に騒ぐ物音が、夏の蝿の立てる羽音のように満ち溢れ、あらゆる災いがいっせいに起こりました。そこでイザナキがスサノヲに、「なぜお前は、命じられた国を治めずに、泣きわめいているのか」と尋ねると、スサノヲは「わたしは母神のおいでになる根の堅州国（＝黄泉の国）に行きたいと思って泣いているのです」と答えました。それを聞いたイザナキは猛烈に怒って、「それならお前は、この国に住んではならない」と言って、スサノヲをこの国から追い払ってしまいました。そのことは『古事記』に、こう物語られています。

故《かれ》、各《おのおの》（アマテラスとツクヨミがそれぞれ）依《よ》さしたまひし命《みこと》の随《まにま》に、知らしめす中に、速須佐之男《はやすさのをの》命、命《よ》させし国を治らせずて、八拳須《やつかひげ》心《むね》の前《さき》に至るまで、啼きいさちき。その泣く状《さま》は、青山は枯山《からやま》の如く泣き枯らし、河海は悉《ことごと》に泣き乾《ほ》しき。ここをもちて悪しき神の音《こえ》は、さ蝿如《な》す皆満ち、万の物の妖《わざはひ》悉に発《おこ》りき。故《かれ》、伊邪那岐大御神、速須佐之男命に詔りたまひしく、「何由《なにし》かも汝は事依させし国を治らずて哭きいさちる」とのりたまひき。ここに答へ白《まを》しく、「僕《あ》は妣《はは》の国根《ね》の堅州《かたす》国に罷《まか》らむと欲《おも》ふ。故《かれ》、哭《な》くなり」とまをしき。ここに伊邪那岐大御神、大《いた》く忿《い》怒《か》りて詔りたまひしく、「然《しか》らば汝《いまし》はこの国に住むべからず」とのりたまひて、すなはち神逐《かむや》らひに逐らひたまひき。

スサノヲは「然らば天照大御神に請《まを》して罷らむ」、つまり「それなら自分はアマテラス大御神にこのことを申し上げてから、この国を去ることにします」と言って、猛烈な地震を起こしながら天に昇って行きました。その有様は、「すなはち天に参上《まゐのぼ》る時、山川悉《ことごと》に動《とよ》み、国土《くにつち》皆震《ゆ》りき」と記され、『日本書紀』の本文には、「始めに素戔嗚尊、天に昇ります時に、溟渤《おほきうみ》以《も》て鼓《とどろ》き盪《ただよ》ひ、山岳《やまをか》為に鳴り呴《ほ》えき」と、物語られています。このように大地も川も海も激しく揺れて鳴動する、凄まじい音を立ててスサノヲが昇って来るのを聞いて驚いたアマテラスは、てっきり乱暴な弟神が、自分が支配している高天の原を、奪い取ろうとして来るのだと思いこみました。そして厳重に武装をしてスサノヲを出迎えて、『古事記』によれば、「何故《なにしかも》上《のぼ》り来つる」と言って、詰問しました。

するとスサノヲは、『古事記』によれば、自分は父神のイザナキを激怒させ「汝《いまし》はこの国に在るべからず」と言われて追放されてしまったので、その事情をアマテラスに説明して、暇乞いをしたいと思って来たので、邪心は何も持っていないと釈明しました。そしてアマテラスが、ではどうすれば彼の心に悪意がなく、潔白だということが分かるのかと尋ねると、スサノヲは「各《おのおの》誓《うけ》ひて子生まむ」と言いました。つまりたがいの心のあり方が分かる子を産むという、「誓約《うけひ》」を交わした上で、アマテラスとスサノヲがそれぞれの子を誕生させようと提案したというのです。そこで両神は天上を流れる天の安の河の両岸に向かい合って立ち、たがいの所有物を交換し、それから子を生まれさせました。まずアマテラスがスサノヲから剣をもらい受け三段に折って、それから三柱の女神たちを出生させました。そのあとでスサノヲがアマテラスから、頭と左右の角髪《みづら》（耳のわきで束ね輪を作って垂らした髪）と両腕に巻きつけていた、曲玉を緒に通した玉飾りを次々にもらい受けて、それらから五柱の男神たちを生まれさせました。

アマテラスは、あとから生まれた男の子たちは彼女の所有物から生まれたのだから当然アマテラスの子で、その前に生まれた女の子たちはスサノヲの所有物から生まれたのだから彼の子だと言って、誕生した子どもたちを、スサノヲとのあいだに分けました。そのことは、「ここに天照大御神、速須佐之男命に告（の）りたまひしく、『この後《のち》に生《あ》れし五柱の男子《をのこご》は、物実《ものざね》我が物によりて成れり。故《かれ》、自《おのづか》ら吾《あ》が子ぞ。先《さき》に生《あ》れし三柱の女子《をみなご》は、物実汝《ものざねいまし》が物によりて成れり。故《かれ》、すなはち汝《いまし》が子ぞ』。かく詔り別けたまひき」と記されています。

つまりこのようにしてアマテラスは、天に昇って来たスサノヲと誓約《うけひ》による子産みをすることで、純潔の処女のままで、五柱の男神たちの母神になったのです。そしてこのときアマテラスが左の角髪に纏きつけていた曲玉の飾りから誕生したマサカツアカツカチハヤヒアメノオシホミミの命という名の長子が、皇室の祖神になります。こうしてアマテラスは皇室の祖母神になったとされているわけです。

6　アマテラスのオシホミミへの溺愛に見る、日本人の理想の母への憧憬

この皇祖神になったアカツとも呼ばれるオシホミミの命を、アマテラスは異常なほど溺愛の限りを尽くして育てたとされています。その可愛いがりようは『古語拾遺』に、「是を以て、天照大神、吾勝尊《あかつのみこと》を育《ひた》したまひて、特甚《おぎろ》に愛《いつくしみ》を鍾《あつ》めたまふ。常に腋の下に懐《いだ》きままふ。称《なづ》けて腋子《わきご》と曰ふ」と、述べられています。つまりアマテラスは、アカツすなわちオシホミミが可愛くてたまらずに、いつも脇の下に抱き締めて、自分の肌から離さずに、ひたすら鍾愛の限りを尽して育てたというのです。アマテラスが皇祖神のオシホミミとのあいだに持ったとされている、このような異常と思える母子の関係には、日本人が母について共通して持っている、現実にはその通りに成就されることのけっして起こりえない、悲願のようなひたすらな願望が、まさにそのまま具現されていると思われます。

精神分析を創始したフロイトは、男性はみな幼児期に、父を殺して母と相姦したいという強い願望を持つが、同時にそのことで父が怒って自分を去勢するのではないかという恐怖心を持つと考えました。この自分を去勢する恐ろしい父の像は、フロイトによれば、成長の過程で（五歳ごろまでに）、彼が「超自我」と呼んだ、罪を犯すことを許さない良心として、無意識の内に取り入れられ、それによって父殺しと母子姦の願望は、意識から抑圧されます。しかしその願望は抑圧されても消滅はせずに、フロイトがコンプレックスと呼んだ心理的葛藤となって、無意識の内で

根強い働きを続けると彼は考えました。そしてその葛藤を、父を殺して母と結婚したことで有名なギリシア神話の英雄のオイディプスの名に因んで、エディプス・コンプレックスと呼びました。

フロイトは、エディプス・コンプレックスは人類に普遍的なものだと考えました。たしかに世界の多くの神話で、神々の王である最高神たちが共通して持つとされていることを見てきた、敵を容赦なく亡ぼし罪を徹底的に罰する厳しさには、フロイトのいう「超自我」のあり方が、如実に反映されていると思われます。だがそれではエディプス・コンプレックスは本当にフロイトが言うように、すべての人間の文化に共通して存在するものなのでしょうか。エディプス・コンプレックスの説はなかんずく、日本の文化と私たち日本人の心理の理解にも、そのまま当て嵌まるものなのでしょうか。

欧米のような文化で男性が必ず、フロイトのいうエディプス・コンプレックスを持つようになるということは、あるところまで当然だとも思われます。子どもが世界中のどこでも、母親の愛情を独占したいと願うのは自然ですが、欧米では母の愛情の対象として、まず夫、つまり子どもの父親があるということが、子どもから隠されません。夫婦の寝所は子どもの寝る場所とは区別されていますし、父と母は子どもの前でも、憚からずに接吻や抱擁を交わし、言葉でもたがいの愛情を表現しあいます。男の子にとって父親は、自分が自然の願望の通りに、母の愛情を独占することを邪魔する存在として激しい敵意の対象になり、同時に父親はそんな敵意を自分が持っていることを許すはずがなく、そのことで自分を激しく罰するに違いないと考えます。父親は男の子にとって自分よりずっと強力な存在として、恐怖の対象となっても、不思議ではないからです。

わが国では家庭生活のあり方が、これとまったく違っています。子どもが小さいあいだは親と子は、いっしょに寝るのが普通ですし、夫婦が子どもの見ている前で、露骨に体に触れあったり、言葉に出してたがいの愛情を表現しあうこともありません。子どもは通常は、父と母のあいだに性的交渉があることなど、まったく意識せずに育ちます。このような文化の中で男の子が父親を自分と母の結びつきを妨害する敵だと感じたり、その父がしているように自分も母と性的にも結合したいという、母子姦の願望を持つようになるとは考え難いことではないかと思われます。つまりフロイトのエディプス・コンプレックス説をそのまま、日本人の心理に当て嵌めて考えることには、明らかに無理があると思われるのです。

精神分析の大家だった小此木啓吾は、わが国では男性は成長の過程でエディプス・コンプレックスではなく、それとは別の深刻な葛藤を、深層心理の内に持つことになると考えました。小此木によればわが国では、父と母が男女として持っている性的結びつきが、子どもの目にあからさまにされることがないので、子どもは母と自分は一体で、母は何をさしおいてもひたすら自分を思ってくれているという、母に対する無限の信頼と甘えを持って成長します。そのため日本人は、成長の過程で不可避的に父と母が性的に結びついた男と女であるという現実に直面すると、そのことがきわめて深刻な精神的危機の原因になるというのです。そのときには、母が自分にとっての母であるだけでなく、その前に父親にとっての肉欲の対象としての女であったことが、自分に対する許し難い裏切りと感じられ、母への甘えが一転して、深刻な怨みに変わります。それは「母はなぜ自分だけのものでないのか」、「なぜ自分の母である前に、父にとっての女だったのか」、「自分はしょせん、父と母の肉欲の産物でしかない」という怨みで、それが日本の男性がだれでも深層心理の内に持っている、根源的な葛藤なのだと言うのです。

肯綮にあたっていると思われるこの見方に従えば、日本人の男性はみな無意識の内に、母が「男にとっての女」ではなく、自分にとっての「母」であり、自分と不離の関係で密着した、一体の存在であってほしいという、現実にはその通りに満足されることのけっしてありえない、強烈な願望を持っていることになります。男性との性的関係を持たずに、純潔の処女のままでオシホミミらの母になり、そのオシホミミを溺愛して、いつも腋の下に抱き肌から離さず育てたというアマテラス大御神の母神としてのあり方には、まさしくその日本人の無意識の中の願望である、母に対するないものねだりと言うほかない悲願が、その通りに実現されています。

日本人は古来、このような現実にはけっしてあるはずのない「理想の母」の像を、無意識の内に持って生きながら、文化を営んできました。神話のアマテラス大御神にびっくりするほどよく具現されている、その日本人の憧憬して止まぬ理想の母親の像は、子どもの罪をけっして許さずに厳しく罰する父親の像が、無意識の内に内在化されたフロイトの言う「超自我」とは、水と油のように違っています。「超自我」を無意識の内に持つ人々のあいだでは、善と悪を判断するための厳格な基準が、それぞれの文化ではっきり確立されていて、その規範に合わぬものは、容赦なく悪と見なされて、排除され、果ては抹殺されます。善悪の基準が違う文化同士がぶつかりあえば、たがいに相手を悪と見なし、抹殺しようとして、文化と文化のあいだに、存亡をかけた死闘がくり返されるので、世界に血みどろの争いが絶えぬことになります。

それとはっきり違ってわが国では、たがいに矛盾したり対立するもののあいだでも、一方が他方を排除したり抹殺したりせず、どちらも究極的には価値を認められ、居場所を与えられて、共存し共生することができる文化が営まれてきました。そのことをわれわれはとりわけ想像を絶する猛烈な力の持ち主だが、あらゆる点で破天荒な異端児である、型破りな神スサノヲの神話の中での取り扱われ方に、はっきりと見ることができると思われます。

7 価値を否定されて、世界から追放されたスサノヲ

スサノヲは、アマテラスと「誓約《うけひ》」による子産みをして、アマテラスが彼からもらい受けた剣から出生させた、女神たちの父親になりました。そして、『古事記』によれば、「我が心清く明《あか》し。故《かれ》、我が生める子は手弱女《たわやめ》を得つ。これによりて言さば《まを》、自ら《おのづか》我《われ》勝ちぬ」と言って、アマテラスに対して勝ち誇りました。アマテラスとスサノヲは、たがいの心のあり方が分かる子を出生させると誓い合ってから、それぞれの所有物を交換し、それから子を生み出し合ってみたのですか

ら、生まれてきた子たちはそのときのアマテラスとスサノヲの心の有様を反映した子たちだということになります。スサノヲは彼が主張していた通りに、姉神をひたすら慕わしく思う優しい心を持っていたために荒々しい男の神であるスサノヲの武器である剣から生まれたにもかかわらず、彼の子は「手弱女」つまり優しい女神たちでした。それに対してアマテラスは、本来は徹底して優しい女神ですが、このときは高天の原を、乱暴な弟神と戦ってでも守ろうとして、雄々しい心を持ってスサノヲに立ち向かっていたため、雄々しかったその心の有様が反映して、優しい女神が身を飾る装身具の玉飾りから生まれたのに、アマテラスの子は男神たちだったことになっているのだと思われます。

この「誓約《うけひ》」による子産みによって、スサノヲがこのとき彼が主張した通りに、ただひたすら姉神に対する思慕の念に駆られて天に昇って来たので、アマテラスに対して、親しく会って暇乞いをしたいという想い以外の「異心《ことごころ》」を何も持っていなかったことが、はっきりと示されました。そしてこのときアマテラスが、スサノヲに対して持ったという、「我が汝弟《なせ》の命《みこと》の上《のぼ》り来《く》る由《ゆゑ》は、必ず善き心ならじ。我が国を奪《うば》はむと欲《おも》ふにこそあれ」という疑惑には、まったく何の根拠もなかったことが、明らかになったわけです。スサノヲはこのようにして自分の心の潔白を証明して見せたことで、「これによりて言《まを》さば、自《おのづか》ら我勝ちぬ」と言って、アマテラスとの対決に自分の方が勝利したと宣言し、それから「勝《かち》さびに」と言われているようにその勝った勢いに乗じて天上で、アマテラスに対してすでに見たようなひどい乱暴をほしいままに働きました。そしてそのあげくの果てに、アマテラスが機織りをさせていた御殿に、生きたまま皮を逆剝ぎにした血みどろの馬を投げこんで、それを見た服織女の女神が、びっくり仰天したあまりに、手に持っていた梭を自分の女性器に突き刺して横死するという、慈悲深いアマテラスにがまんすることのできぬ悲惨きわまりない椿事を引き起こしてしまうのです。この惨事に怖気を振るったアマテラスが天の岩屋に閉じこもって、陽光を照り輝かせることを止めたために、このスサノヲの乱暴の所為で世界には、暗黒の夜がいつまでも続くことになってしまいます。

八百万の天神たちはこの事態をうけて、天の安の河の河原に集まって、どうすればよいか相談をしました。そしてタカミムスヒという偉い神の子のオモヒカネという知恵の神が考えた計画に従って、天の岩屋の閉まっている戸の前で賑やかな祭りをして、アマテラスをなんとかして岩屋から招き出そうということになりました。

天神たちはまず、夜明けに長い鳴き声でときをあげて太陽を空に呼び出して、夜を終わらせる雄鶏を集めてきて鳴き声をあげさせました。そしてそのあいだに、アマツマラという鍛冶の神が鍛えた金属で、イシコリドメという女神に鏡を作らせ、タマノオヤという神に曲玉を緒に通した飾りを作らせました。それからアメノコヤネとフトダマという神たちに、雄鹿の肩の骨を桜の木の皮を燃やした火で焼く占いをさせた上で、天上の山の天の香山から茂った榊を根こそぎに掘り取って来ました。そしてその木の上の方の枝に玉の飾りをかけ、中くらいの枝に鏡をかけ、下の方の枝に楮《こうぞ》と麻で作った、白と青の幣帛《へいはく》を下げました。

そこまで準備したうえで、フトダマがその榊を捧げ持った横で、アメノコヤネが祝詞を唱え、アメノタヂカラヲという力持ちの神が、閉じている岩屋の戸の脇に隠れて立ちました。そしてアメノウズメという女神が、岩屋の戸の前で伏せた桶の上で踊りながらその桶を踏み鳴らして、夢中になって乳房を露出させ、衣の紐を押し下げて、女陰を剥き出しました。それで天神たちは、高天の原が鳴り響くほど、どっと大笑いをしました。

そうすると岩屋の中でこの物音を聞いたアマテラスは、不思議に思って岩屋の戸を細めに開けてアメノウズメに「私が籠っているために、天も地も真っ暗闇であるはずなのに、どうしてアメノウズメはそのように踊り、八百万の天神たちは、みな笑っているのか」と尋ねました。アメノウズメはそこで、「あなた様よりもっと尊い神様がここにいらっしゃるので、そのことを喜んで私たちは、笑ったり踊ったりしているのです」と答え、そのあいだにアメノコヤネとフトダマが、榊にかかっている鏡を差し出して、アマテラスに見せました。それでアマテラスはその鏡に映っている自分の姿を見て、ますます不思議に思い、岩屋の戸から外へ出て来かかったので、その手をすかさず戸の脇にいたアメノタヂカラヲが取って、女神を岩屋の外へ引き出し、その後にフトダマが注連縄《しめなわ》を張って、「この内にお戻りになることは、おできになりません」と申し上げました。それでこのようにしてアマテラス大御神が、ついに天の岩屋からお出ましになられたおかげで、天も地もまた日光で明るく照らされることになったのだと物語られています。

こうしてみんなが懸命に力を合わせて、やっと天の岩屋の事件を解決して、「常夜《とこよ》」の状態を終わらせたあとで、天神たちはこの大椿事を引き起こしたスサノヲから多くの賠償を取り立て、さらに鬚を切り手足の爪を抜き取って、高天の原から追い払いました。このことは『古事記』には、「ここに八百万の神共に議りて、速須佐之男命に千座《ちくら》の置戸《おきと》を負はせ、また鬚を切り、手足の爪を抜かしめて、神逐《かむや》らひ逐《や》らひき」と、述べられています。

『日本書紀』の記事の一つによれば、天神たちは「悪行を働いたお前のような神は、天にも地上にも留まっていてはならぬので、すぐに地底の根の国に行ってしまえ」と言って、スサノヲを天から放逐しました。そのときは風と雨が激しく吹き荒れ続けていましたが、スサノヲは風雨をさけようとしても、悪行を難詰されてどの神の家にも入れてもらえず、笠と蓑をまとって荒天の中を、辛苦して下界まで降って行かねばならなかったとされ、そのことはこう物語られています。

既にして諸の神、素戔嗚尊を嘖《せ》めて曰はく、「汝が所行《わざ》甚だ無頼《たのもしげな》し。故《かれ》、天上に住むべからず。亦葦原中国にも居るべからず。急《すみやか》に底根《そこつね》の国に適《い》ね」といひて、乃ち共に逐降《やら》ひ去《や》りき。時に霖《ながめ》ふる。素戔嗚尊。青草を結束《ゆ》ひて、笠蓑として、宿を衆神《もろかみたち》に乞ふ。衆神の曰はく、「汝は是躬《み》の行濁悪《しわざけがらは》しくして、逐《やら》ひ譴《せ》めらるる物なり。如何《いかに》ぞ宿を我に乞ふ」といひて、遂に同《とも》に距《ふせ》く。是を以て、風雨甚だふきふると雖も、留り休むこと得ずして、辛苦《たしな》みつつ降りき。

8　追放の後にスサノヲが始めた、世界への貢献

アマテラスに対してした、まさに破天荒と言うほかない乱暴の所為でスサノヲはこのように、天神たちから極悪の神だという烙印を押され、稀代の悪神として取り扱われています。『日本書紀』によれば、「汝が所行《しわざ》甚《はなは》だ無頼《たもしげな》し。故《かれ》、天上に住むべからず。亦葦原中国にも居るべからず。急《すみやか》に底根《そこつね》の国に適《い》ね」と言われて、世界から放逐されたことになっています。しかし、そのことで彼は、偉大な神としての価値を喪失したことになってはいません。それとは反対に彼はこのようにして放逐された後にはじめて真価を発揮する活躍をしたことになっています。

それまでのスサノヲはまず、誕生したあとただひたすら激しく泣きわめき続けて、青山を枯山にし、河と海の水を乾上がらせました。これによって下界に起こった混乱については『古事記』に、「ここをもちて悪しき神の声は、さ蝿如す皆満ち、万の物の妖《わざわひ》悉に発《おこ》りき」と記述されています。そのあと怒ったイサナキに地上から追放されるとスサノヲは見たように、天に昇って行ってひどい乱暴を働き、その結果姉神のアマテラスが天の岩戸に閉じこもって、世界中に日光の射さぬ真っ暗闇が果てしなく続く事態を引き起こしました。それによって世界が陥った無秩序のこともやはり『古事記』に、「ここに万の神の声は、さ蝿なす満ち、万の妖悉に起こりき」と、前にスサノヲの「泣きいさち」によって下界に生じたとされている混乱の有様と、ほとんど同じような言い方で形容されています。

つまりスサノヲは、ただ泣き声をあげるだけで、山々の草木をすべて枯らし、河と海の水を乾上がらせてしまうほど、物凄い力を持って生まれてきたのに、その力をこのときまでは地上でも天上でも、ただもっぱら破壊的な暴力として発揮して、害を働いては『古事記』に書かれているように、ひどい混乱状態を現出させてきました。ところが天から追放されたあと、彼は一転して、その力を害のためではなく、世界に対する裨益のために振るうことになります。地上に降りて彼がした最初の仕業として『古事記』に語られている話には、その時点でそのようなスサノヲの変化が、すでにはじまっていることが、はっきりと窺えると思われます。

高天の原から追放されて地上に降りたスサノヲは、まずオホゲツヒメという女神のところに行き、食物を求めたと言われています。オホゲツヒメという名は、偉い食物（ケ）の女神という意味で、前に見た『日本書紀』の話に出てくる「保食神《ウケモチノカミ》」と異名同義、つまり名前は違っても本体は同じ、食物（ケ、ウケ）の主の女神です。それでウケモチが体内に無尽蔵に持っている食物を口から吐き出して御馳走を準備してツクヨミに食べさせようとしたように、オホゲツヒメはスサノヲの求めに応じて、鼻と口と尻からさまざまな美味しいものを取り出し、いろいろに料理して、スサノヲに奉ろうとしました。そうするとスサノヲは、オホゲツヒメのしていることを覗き見していたので、体から出した汚いものを自分に食べさせようとしていると思い、怒ってオホゲツヒメを殺してしまったというのです。

この話でスサノヲは、頼みに応じてこころよく美味しい御馳走を食べさせてくれようとした女神に、やり方が気に入らぬと言って腹を立てて、有無を言わせずに殺してしまったとされているので、一見すると、天上で乱暴を働いたときの粗暴さと、行状にほとんど変化が見られないようにも思えます。しかし彼に対して「母神」のように振舞おうとした女神に対する態度には、それまでの彼の女神たちに対する対処の仕方とは、根本的と言っても過言ではないと思われるほど、はっきりとした違いが認められます。

女神が鼻と口と尻から出したものはたしかに、体から排出された汚物だったとも考えられます。だが人間はだれでも赤児のあいだは、母が体からふんだんに出してくれる乳を喜んで摂取し、それを汚物だとは考えません。また食物を自分で生産することをしない生きとし生けるものはすべて、大地から出てくるものを食物にすることで、大地が体から惜しみなく出してくれるものを、食べて生きているのだと考えられます。鼻と口と尻からふんだんに出した御馳走を食べさせようとすることで、オホゲツヒメはスサノヲに対して、赤児を乳で養っている母親のようにも、また体から食物を出して万物を生かしている、母である大地のようにも、振舞おうとしたのだと思われます。だがそのオホゲツヒメのやり方に、スサノヲは激怒して女神を殺しました。つまり彼はそのことで、自分がもはや母の体から出るものを、喜んで摂取して育つ嬰児ではないので、体から排出するもので養ってくれる母は、自分には必要がないのだということを、この上ないほどきっぱりと、表明したのだと思われるわけです。

オホゲツヒメの殺害にはまた別の点でも、スサノヲがそれまで地上と天上でくり返してきた暴虐とは、決定的と言ってよいと思われる違いがあります。スサノヲのそれまでの振舞いは、世界にただ災いだけを引き起こしてきました。それと違ってオホゲツヒメの殺害は、女神の命を奪うという破壊だけでは終わらずに、世界に人間の生活のために、肝心なものが創出される結果をもたらしたとされています。なぜならスサノヲに殺された、オホゲツヒメの死体のいろいろな部分から、五穀とカイコが発生し、高天の原にいるカムムスヒという偉い神が、それらを取ってこさせて種にし、そのために農業と養蚕が行われることになったとされているからです。そのことは『古事記』に、こう物語られています。

故《かれ》、殺さえし神の身に生《な》れる物は、頭《かしら》に蚕《かひこ》生り、二つの耳に稲種《いなだね》生り、二つの耳に粟生り、鼻に小豆生り、陰部《ほと》に麦生り、尻に大豆生りき。故《かれ》ここに神産巣日の御祖命《みおやのみこと》、これを取らしめて、種と成しき。

つまりオホゲツヒメを殺すことでスサノヲは、農業と養蚕が創始されるきっかけを作り、そのことで世界と人間のために重要な寄与を果たしたことになっているわけです。そしてこの事件を転機にして、それまでただ災害だけを発生させてきたスサノヲは一転して、世界に甚大な裨益をする、偉大な神としての働きを始めたことになっているわけです。

オホゲツヒメの殺害の後にスサノヲは、出雲の肥の河（現在の斐伊川）の河上の鳥髪《とりかみ》という土地に赴きますが、そこでスサノヲが遂げつつあった変化は、さらにはっきりしたものになります。オホゲツヒメの殺害は見たように、この女神の死体から五穀とカイコを発生させて、カムムスヒによって農業と養蚕が創始されることを可能にしました。だがスサノヲはけっして、そうなることを予測してこの女神を殺したわけではありません。結果を予め見通し計画に基いてではなく、そのときの衝動のおもむくままにされた、無思慮な仕業だったという点では、スサノヲのこの行為は、彼がそれまで地上と天上でくり返してきた理不尽は暴行と、軌を一にするものだったわけです。

鳥髪では、スサノヲは一転して冷静に思慮を働かせることを始めます。そして周到な計画を立て、それを着実に実行することで、それまで何の思慮にも基づかぬ暴力としてだけ発揮されてきた彼の力を、ここではじめて計慮に従って目的を遂げる武力として振るって、偉大な武勲を果たしたとされています。

彼はまず箸が河を流れ下ってくるのを見て、河上に人が住んでいる場所があると、判断します。そして流れを遡って行くと案の定、老人と老女が、一人の少女をあいだに置いて、泣いているのに出会います。老人はアシナヅチ、老女はテナヅチという名の土地の神たちでした。彼らにはもとは八人の娘たちがいたのですが、毎年ヤマタノヲロチという恐ろしい怪物が、越の国からやって来て、七人の娘たちを一人ずつ食い殺してしまい、その怪物が最後に残ったそこにいるクシナダヒメという娘を、食い殺しにやって来る時期になったので、泣いているのだと知らされます。そしてアシナヅチの説明によって彼は、そのヤマタノヲロチが、目はホヲズキのようにまっ赤で、八つの頭と八本の尾を持つ巨大な蛇で、体にはコケとヒノキと杉が生え、体長は八つの山と八つの谷にまたがるほどで、腹はいつも至るところから、血が流れてただれていると聞かされます。

この話を聞くとスサノヲは、まずアシナヅチに「この汝《な》が女《むすめ》をば吾《あれ》に奉らむや」と言って、クシナダヒメを妻にもらい受けたいと申しこみます。そしてアシナヅチが、「恐れ多いことですが、私はあなたのお名前も存じ上げません」と、恐る恐る言うと、「私はアマテラス大御神の弟で、いま天から降りて来たのだ」と告げ、恐縮したアシナヅチとテナヅチが、「然《しか》まさば恐《かしこ》し。立奉《まつ》らむ」と言って娘を差し上げると、彼女を櫛に変えて自分の角髪《みづら》に刺しました。それからアシナヅチとテナヅチに、こう命令しました。

「まず、濃い酒を醸しなさい。それから垣を作りめぐらして、その垣に八つの入り口を作り、その入り口ごとに、物を置くための台を設け、その台ごとに上に船の形をした酒の槽を置き、その中に濃く醸した酒をいっぱいに入れて、ヲロチがやって来るのを待ちなさい」。

それでアシナヅチとテナヅチが、怪物の異様な姿態の有様を聞き、それに合わせてその退治のためにとっさにスサノヲが案出した、この巧妙な計画に従って、彼に言われた通りの準備を整えて待っていると、ヲロチがやって来てスサノヲの考えの通りに、船の形の容器のそれぞれに、自分の八つの頭の一つずつを垂らし入れて、中の酒を飲み、すっかり酔ってその場にうつ向けに倒れ伏して、眠ってしまいました。そこでスサノヲは腰に帯びていた剣を抜いて、ヲロチをずたずたに斬り殺しました。するとヲロチから流れ出た大量の血によって、肥の川がまっ赤な血の川のようになったと言われています。

ヲロチを斬り殺したときにスサノヲが、八本あったこの怪物の尾の中ほどの一本を斬ろうとすると、彼が使っていた剣が硬いものに当たって、刃が欠けました。怪しいことだと思って、その尾を剣の切っ先で割いてみると、中から鋭い剣が見つかりました。スサノヲはそこで、その剣を取り上げて世にも不思議なものだと思って天に送りアマテラス大御神に献上したので、この剣が後にアマテラスから皇祖神のホノニニギの命が地上に降臨するときに授けられて、皇室の三種の神器の一つのクサナギの剣になったのだとされています。そのことは『古事記』には、こう物語られています。

> 故《かれ》、その中の尾を切りたまひし時、御刀《みはかし》の刃毀《か》けき。ここに怪しと思はして、御刀の前もちて刺し割《さ》きて見たまへば、都牟刈《つむがり》の大刀《たち》ありき。故《かれ》、この大刀を取りて、異《あや》しき物と思ほして、天照大御神に白し上げたまひき。こは草薙の大刀なり。

『日本書紀』の本文には、そのことはこう記されています。

時に素戔嗚尊、乃ち所帯《は》かせる十握剣《とつかのつるぎ》抜きて、寸《つたつた》に其の蛇を斬る。尾に至りて剣の刃少しき欠けぬ。故《かれ》、その尾を割《さ》裂きて視《みそなは》せば、中に一の剣有り。此所謂草薙剣なり。素戔嗚尊の曰《のたま》はく。「是神《あや》しき剣なり。吾何《いかに》ぞ敢へて私《わたくし》に安《お》けらむや」とのたまひて、天神《あまつかみ》に上献《たてまつりあ》ぐ。

このようにスサノヲは、天上で働いたひどい乱暴によって、太陽のアマテラスが天の岩屋にとじこもって、世界中に真っ暗闇はいつまでも続くという、未曾有の災害を引き起こしてしまい、その災禍をみんなで協力してやっと解決した天神たちによって、稀代の悪神だという烙印を押され、天にも地上にも留まっていてはならぬと宣告されて、高天の原から放逐されても、それで神としての価値を喪失したことにも、世界に自分の居場所をなくしたことにもなっていません。このようにして高天の原から追放されたあとに、スサノヲはまず地上でオホゲツヒメを殺して、この女神の死体からカイコと五穀を発生させ、それによって農業と養蚕が創始されるのを可能にすることで、それまで世界にただとんでもない災いだけを生じさせてきたのを一変して、世界と人間のためになる働きをはじめます。そのあとに出雲の鳥髪に行き、そこで一転して冷静な思慮を働かせて立てた周到な計画によって、ヤマタノヲロチを退治するという、輝かしい武勲をあげ、それから出雲の須賀に行き、そこに宮を作ってクシナダヒメと結婚しました。そして彼の働きによってヲロチの害の取り除かれた地上を、オホゲツヒメの死体から生じた五穀などの富が年毎に潤沢に産出される国にするための活動を、穀物の神のオホトシの神や、食物の神であるウカノミタマの神など、そのために肝心な働きをする神たちを、子として誕生させることで緒につかせたことになっています。

スサノヲがヤマタノヲロチを退治したときに、八本あったこの怪物の尾の一つの中に見つけて取り出して天に送り、アマテラスに献上した不思議な剣は、天孫の降臨に当たってヤタの鏡とヤサカニの曲玉といっしょに、アマテラスから地上での皇室の始祖になるホノニニギの命に授けられて、国の支配者のしるしとなる三種の神器の一つのクサナギの剣になったとされています。つまりスサノヲの武勲によって怪物の害が除かれ、秋ごとにふんだんな稲の実りが得られる「豊葦原の千秋長五百秋の水穂国」となった国土に、ホノニニギの命の子孫の代々の天皇が君臨する秩序が確立されるためにもスサノヲは、そのしるしとなる神器の一つの剣をアマテラスに奉呈することで、不可欠だった寄与を果たしたことになっているわけです。

ただスサノヲはそのあと、須賀で見たようにして緒についたとされている地上を豊かな国にするための活動を長く続けずに、『日本書紀』にスサノヲとクシイナダヒメの結婚から生まれた子であったとも、スサノヲが妃にしたクシナナダヒメに生ませた子の五世または六世の孫であったとも言われている、子孫のオホクニヌシを地上に遺して、自身は地下界の根の堅州国に行って、そこに住んだとされています。そしてその根の堅州国ではスサノヲは、オホクニヌシの訪問を受け、それまで八十神と呼ばれる大勢の異母兄弟の神たちに憎まれ、目の敵にされて、くり返し惨殺されても何の抵抗もできずにいたオホクニヌシに、厳しい試練となる虐待を加えて、彼を国の主に成れる強力な神に成長させました。

スサノヲはその試練の最後にオホクニヌシを広大な室に呼び入れ、自分の頭にいるシラミを取れと命令しました。そこで頭を見るとスサノヲの頭にはシラミではなく、たくさんのムカデが蠢いていました。そうするとそこに、根の堅州国でスサノヲといっしょに暮らしていたのが、オホクニヌシがやって来たのを迎えてすぐに彼と夫婦の契りを結んでいた、スサノヲの娘のスセリビメが、ムクの木の実と赤土を持って来て渡してくれたので、オホクニヌシはムクの実を食い破っては、赤土を口に入れていっしょに吐き出しました。スサノヲはそれでてっきりオホクニヌシが、命令された通りに自分の血を吸ったムカデを食い殺しては吐き出していると思い、心中にオホクニヌシに愛情を感じながら、安心して眠りこんでしまいました。オホクニヌシはそのすきに、眠っているスサノヲの髪を、広間の屋根を支えている垂木《たるき》ごとに分けて結びつけ、広間の戸を、五〇〇人でやっと動かせるほどの巨大な岩でしっかりと塞ぎました。そして妻のスセリビメを背負い、スサノヲの所有物だった生大刀《いくたち》と生弓矢《いくゆみや》という大刀と弓矢と、天《あめ》の詔琴《のりごと》という琴を持ってそこから逃げ出しました。そうすると逃げる途中で、琴が樹に触れて大きな音を響かせたので、スサノヲはその音を聞いて目を覚まし、猛烈な勢いで飛び起きて、眠っていた室を引き倒して崩壊させてしまいました。

しかしスサノヲが、垂木に分けて結びつけられた髪の毛をひとつひとつ解いているあいだに、オホクニヌシは遠くまで逃げて行くことができました。そのオホクニヌシをスサノヲは、地下界の果てにある黄泉比良坂まで追い駆けて、そこから遠くを逃げて行くオホクニヌシに大声で呼びかけました。そして彼に、地上に持ち帰る生大刀と生弓矢を使って、八十神を一気呵成に討伐して国の支配者の偉大な神となり、連れ帰る自分の娘のスセリビメを正妃にして、現在の出雲大社のある場所に、柱が地底の岩盤の上にしっかりと立ち、屋根の棟木が天まで高く聳える、立派な住居を築いてそこに住むように命令しました。そのことは『古事記』に、こう物語られています。

八田間《やたま》の大室《おほむろや》に喚《よ》び入れて、その頭《かしら》の虱《しらみ》を取らしめたまひき。故《かれ》ここにその頭を見れば、呉公多《むかでさは》なりき。ここにその妻椋《むく》の木の実と赤土《はに》とを取りて、その夫《ひこぢ》に授けつ。故《かれ》、その木の実を咋《く》ひ破り、赤土含《はにふふ》みて唾《つば》き出《いだ》したまへば、その大神、呉公を咋ひ破りて唾き出すと以為《おも》ほして、心に愛《は》しく思ひて寝ましき。ここにその神の髪を握《と》りて、その室の椽毎《たりきごと》に結《ゆ》ひ着けて、五百引の石をその室の戸に取り塞へて、その妻須世理毘売を負ひて、すなはちその大神の生大刀《いくたち》と生弓矢《いくゆみや》と、またその天《あめ》の詔琴《のりごと》を取り持ちて逃げ出でます時、その天の詔琴樹《き》に払れて地動《つちとよ》み鳴りき。故《かれ》、その寝ませる大神、聞き驚きて、その室を引き仆《たふ》したまひき。然れども椽《たりき》に結《ゆ》ひし髪を解かすまに、遠く逃げたまひき。故ここに黄泉比良坂《よもつひらさか》に追い至りて、遙《はろばろ》に望《みさ》けて、大穴牟遅神（オホクニヌシのそれまでの呼び名）を呼ばひて謂ひしく、「その汝が持てる生大刀・生弓矢をもちて、汝が庶兄弟《ままあにおと》をば、坂の御尾に追ひ伏せ、また河の瀬に追ひ撥《はら》ひて、おれ大国主神となり、また宇都志国玉神となりて、その我が女《むすめ》須世理毘売を嫡女《むかひめ》として、宇迦《うか》の山の山本に、底《そこ》つ石根《いはね》に宮柱ふとしり、高天の原に氷椽《ひぎ》たかしりて居れ。この奴」といひき。

10　娘の結婚を妨害しようとしたスサノヲと、ギリシア神話のオイノマオス

オホクニヌシは地上に帰ると、スサノヲから受けてきたこの命令の通りに、根の堅州国から持ち帰った大刀と弓矢の威力を駆使し、八十神たちを彼が支配を及ぼすことになる領域の外にたちまち追い払って、そのあとに豊かな富を産出する国を作り上げる事業に取り掛かったとされています。そのことは『古事記』に、「故、その大刀・弓を持ちて、その八十神を追ひ避《さ》くる時に、坂の御尾毎に追ひ伏せ、河の瀬毎に追ひ撥ひて、始めて国を作りたまひき」と、記されています。

オホクニヌシのこの「国作り」のために、彼がスサノヲのもとから持ってきた琴も、大刀と弓矢と共に肝要な役を果たしました。なぜなら琴は見たように、根の堅州国から持ち出されようとしたときに、樹に触れ響きをあげて、神を呼び出す音を鳴らして、眠っていたスサノヲを目覚めさせ、この大神の口からオホクニヌシに対するあらたかな託宣の意味を持ったことが明らかな命

令の言葉を述べさせました。こうしたことからこの琴は「国作り」のために、神を呼んで託宣を述べてもらうための聖具であったことを意味する、「天の詔琴」という呼称の通りの役を果たしたことが明らかだと思われます。

オホクニヌシは根の堅州国から、スサノヲの貴重な品だったこれらの宝器を持ち帰っただけでなく、スサノヲが地下界でいっしょに暮らしていた彼の娘のスセリビメを、見たように妻にして、地上に連れ帰ったとされています。スサノヲは黄泉比良坂でオホクニヌシに対して述べた愛情のこもった訣別の言葉の中で、この愛娘を正妃に娶って立派な宮殿にいっしょに住み、国の支配者になるように命じたとされています。

オホクニヌシが最初にスサノヲのもとを訪ねて来たときには、スセリビメは彼を出迎えてたがいに目を見合っただけですぐに心を通わせ、その場で夫婦の契りを結んでしまってから、家に帰ってスサノヲに、「大変に美しい神が、おいでになりました」と報告しました。そのことは『古事記』に、「須佐之男命の御所《みもと》に参到れば、その女《むすめ》須勢理毘売出で見て、目合《まぐはひ》して、相婚《あ》ひたまひて、還り入りて、その父に白《まを》ししく、『甚麗《いと》しき神来ましつ』とまをしき」と記されています。そうするとスサノヲは家の外に出て、そのスセリビメが「甚麗しき神」と呼んで、非常な美しさを絶賛したオホクニヌシを見て、「こは葦原色許男《あしはらしこを》と謂ふぞ」と言って、「葦原中国（地上）に住む醜男」を意味する名で呼んで、彼を賤しめ、家に呼び入れてオホクニヌシに、次々に虐待とも見なせる苛酷な試練を課しました。まずその晩は毒蛇のうようよいる室に彼を寝かせましたが、大国主はスセリビメから、三べん振ると蛇を払う力のあるひれ（薄い布）を渡され、それを使って蛇を鎮め安眠して、その室から無事に出てくることができました。次の晩にはスサノヲは、ムカデと蜂のいる室に彼を寝かせましたが、オホクニヌシはスセリビメから、ムカデと蜂を鎮める力のあるひれを渡され、それを使ってまた安眠してそこからも出てくることができました。そのあとスサノヲは広い野原に大国主を連れ出し、そこに鏑矢を射こんで、その矢を取ってこいと命令し、彼が野原に入ったところでまわりに火を放って彼を焼き殺そうとしました。ですがオホクニヌシの前にネズミが現れて、「内はほらほら、外《と》はすぶすぶ」と言って、その場所の地下に入り口はすぼまっていて狭いが、内部は広々としたネズミの巣になっている洞があることを教えてくれたので、地面を踏みつけて洞の中に落ちこみ、火が上を焼き過ぎて行くあいだ、そこに潜んでいて焼け死ぬのを免れました。そしてそのあとネズミがくわえて来てくれた鏑矢を、スサノヲのもとに持ち帰ることができましたが、このときはスサノヲは彼がてっきり焼け死んだと思いこんで野原の中に立っていて、スセリビメも今度はオホクニヌシをどうやって助ければいいか、やり方が分からずに、葬式の準備をして、スサノヲの側で泣いていたと言われています。

そしてそのあとすでに見たようにスサノヲは、オホクニヌシに自分の頭にいるシラミを取れと命令し、彼がスセリビメから渡されたムクの木の実を食い破って赤土といっしょに吐き出すと、自分の血を吸ったムカデを食い殺して吐き出していると思いこみ、「心に愛《は》しく思ひて寝ましき」と言われているようにすっかり安心し、心にオホクニヌシに愛情すら感じて眠ってしまいました。オホクニヌシはそれでそのすきに、スセリビメを背負い、天の詔琴と生大刀と生弓矢を持って、根の堅州国から地上へ、逃げ帰ることができたとされているわけです。

このオホクニヌシの根の堅州国訪問の話の際立った特色は、有名なギリシア神話のペロプスとヒッポダメイアの結婚の話と比較してみると、きわめてはっきりすると思われます。ペロプスはあるとき、ピサという国の王女だったヒッポダメイアに、求婚をしに行きました。彼女の父のピサの王オイノマオスは、この愛娘に強い執着を持っていて、彼女をいつまでも結婚させずに、自分の手もとに置いておこうとしていました。そこで戦神のアレスから駿足の馬を授かっていたオイノマオスは、娘に求婚しに来る者には、もし勝てば結婚させるが、負ければ首を取るという条件で、自分と馬車の競争をさせていました。そしてやって来る求婚者たちを次々に負かして、ペロプスが来たときまでに、すでに十二人の若者を殺し、取った頭を王宮の飾りにしていました。

ところがペロプスは、少年のとき海の支配者のポセイドンから、同性愛の寵愛を受けていたほどの絶世の美男子だったので、ヒッポダメイアは一目で彼に恋をしました。そして自分に想いを寄せている父の御者のミュルティロスに、報酬に身を任せると約束をして、オイノマオスの馬車の車輪を車軸に止めていた釘を、臘の釘に替えさせておきました。ペロプスとの競争が始まると、オイノマオスの馬車はたちまち解体し、オイノマオスは手綱に手がからんだまま、馬に引き摺られて惨死し、ペロプスはヒッポダメイアを妻にすることができたと物語られています。

根の堅州国訪問の話でオホクニヌシは、この国に娘のスセリビメといっしょに暮らしていたスサノヲのもとを訪れると、スセリビメが、「出で見て、目合《まぐはひ》して、相娘《あ》ひたまひて」と言われているように、父といっしょに住んでいた家から出てきて彼を迎え、一目見て絶世の美男子だったオホクニヌシの魅力に心を奪われました。そして家にいるスサノヲの意志はまったく頓着せずに、その場ですぐにオホクニヌシの妻になってしまったとされています。これはペロプスがオイノマオスのもとを訪れて、彼がいっしょに住んでいた愛娘のヒッポダメイアに求婚すると、ヒッポダメイアが父の意向を完全に無視して、ポセイドンの寵童だった美男子のペロプスの魅力に夢中になり、父をそのために惨死させてでも、ペロプスの妻になろうとしたというのと、きわめてよく似たところのある話です。

オイノマオスもスサノヲも、娘を結婚させずに、いつまでも自分の側に置いておこうとしていました。オイノマオスはヒッポダメイアに求婚に来る若者たちに、自分と馬車の競争をさせて負かしては、次々に殺し、頭を取って宮殿の飾りにしていました。スサノヲはオホクニヌシが妻にしたスセリビメを、地上に連れ帰るのを何がなんでも妨げようとして、さまざまな苛酷な試練を課し、彼を野原で焼き殺そうとまでしました。ただ一方のギリシア神話では、オイノマオスはけっきょく娘のヒッポダメイアの非情きわまりない画策によって、実際に悲惨きわまりない仕方で最期を遂げたことになっているのに、他方の日本の神話ではオホクニヌシとスサノヲは実際には、どちらも相手によって殺害はされませんでした。それどころかスサノヲは最後にはオホクニヌシに愛情のこもった祝福の言葉をかけて、スセリビメを地上に連れ帰って正妃にするように命じ、オホクニヌシはそのスサノヲの言葉を、あらたかな託宣として受け取って言われた通りに実行しました。オホクニヌシは、彼にその託宣を述べてくれたスサノヲを有力な後楯として、地上に豊かな国土を作り上げる、「国作り」の大業を遂行して行くことになったわけです。つまりこの神話でスサノヲとオホクニヌシのあいだには、一方が他方を殺害しようとしたほど、激しい対立があったとされていますが、よく似たギリシア神話の話とは違って、その対立した両者の一方が他方を、完全に排除も抹殺もせず、両者がそれぞれの居場所と価値を認められて、双方が共に偉大な神として、両立を続けることになったとされているわけです。

11 ヒッポダメイアの話の凄惨な余波と、オホクニヌシがスサノヲから与えられた祝福

ペロプスとヒッポダメイアの結婚のあとにギリシア神話には、凄惨きわまりない事件が次々に起こったことが物語られています。この結婚にあたって、求婚に来たペロプスに恋をしたヒッポダメイアが、父のオイノマオスが娘への求婚者たちに課していた、命を懸けた彼との馬車の競争にペロプスを勝たせようとして、オイノマオスの御者のミュルティロスに、報酬に自分の体を与えると約束して、競争がはじまるとオイノマオスの馬車が毀れて、彼が惨死するように細工をさせておいたことは、前に書いた通りです。このあとこの細工のおかげでオイノマオスに惨めな最

後を遂げさせて、思惑の通りペロプスの妻になったヒッポダメイアは、夫といっしょにミュルティロスを従者に連れて旅をしましたが、その途中でペロプスが妻の喉の渇きを癒すために泉に水を汲みに行くと、ミュルティロスはヒッポダメイアに約束の履行を迫って、彼女を犯そうとしました。そこに帰ってきたペロプスは、妻が不埒な従者に凌辱されようとしているのを見て憤慨してミュルティロスを海に投げこんで殺してしまいました。ミュルティロスはそこで死ぬまぎわに、ペロプスの子孫にひどい禍いが絶えぬようにと呪いをかけました。それで彼とヒッポダメイアの結婚から生じた一族には、骨肉同士が血で血を洗う不祥事が続くことになったのです。

ペロプスとヒッポダメイアの双子の息子だった、アトレウスとテュエステスは、どちらがミュケネの王になるかということで激しく争った末に、けっきょくアトレウスの方が選ばれて王位に即きましたが、この抗争のあいだに、アトレウスの妻のアエロペは夫を裏切って、テュエステウスと情を通じ、彼の方を王にしようと画策していました。そのことを知ったアトレウスは激怒して、テュエステスと仲直りをするふりをして、彼を宴会に招待します。そしてテュエステスのまだ幼かった三人の息子たちをこっそり捕えて殺し、その肉を料理して父親に食べさせました。そしてそのあと料理せずに残しておいた、子どもたちの頭と手を見せて、彼に何を食べたのか分からせた上で、テュエステスを国外に追放しました。

テュエステスは、どうすれば復讐ができるかを神託に尋ね、実の娘のペロピアを犯せば、その父子姦から、アトレウスに対して仇を報いてくれる息子が生まれると教えられました。彼はそこで暗闇の中で、自分がだれであるかを知らせずに、娘のペロピアと交合して妊娠させましたが、ペロピアは凌辱されていたあいだに、父が持っていた剣を奪い取っておきました。そしてそのあとペロピアは妊娠したまま、アトレウスと結婚したので、彼女と父の子だった息子のアイギストスは、アトレウスによって自分の子として育てられました。

アイギストスが成長するとアトレウスは彼に、テュエステスを捕えて、殺すように命令しました。アイギストスは母のペロピアが、自分を犯した男から奪った剣を、母から貰って持っていました。テュエステスは見覚えのある剣を、アイギストスが自分に向かって振り上げるのを見て、どうやってそれを手に入れたかを尋ね、母から与えられたと聞かされると、その母をそこに来させるように求めました。ペロピアが来るとテュエステスは、アイギストスに、彼が自分とペロピアの父子姦から生まれた子であることを打ち明けました。そのことを聞くとペロピアは恥じて、息子から剣を取り上げ、それで自分の胸を突いて自害しました。そのあとアイギストスは、母の遺体から剣を引き抜き、まだ血に塗れている剣を持って、アトレウスのもとへ行きました。そしてテュエステスをアイギストスが亡き者にしたと思いこんで、犠牲を捧げてそのことを祝っていたアトレウスを刺し殺して、彼に代えてテュエステスをミュケネの王にしたのです。

ギリシアの英雄時代を締め括る意味を持つ大事件となったトロヤ戦争が起こったときには、アトレウスの息子のアガメムノンが紆余曲折を経た末に、ミュケネの王になっていました。彼はこの戦争で、ギリシア中の英雄が参加した遠征軍の総大将となってトロヤに攻め寄せ、一〇年に及ぶ攻囲の末に、現在のトルコの西北海岸のヘレスポント海峡の入り口に近いところにあって殷賑を極めていたこの市を壊滅させたのですが、彼がギリシア軍の総大将となってトロヤに遠征していたあいだに、アイギストスはミュケネに来て、アガメムノンの妃のクリュタイムネストラを誘惑して、その愛人になっていました。そしてアイギストスとクリュタイムネストラは共謀して、トロヤを亡ぼして凱旋して来たアガメムノンを騙し討ちにして惨殺しました。しかしクリュタイムネストラが産んだアガメムノンの遺児で、父が殺されたときにはまだ幼児だったオレステスが成長すると、父の敵討ちをし、アイギストスを殺した上に、実母のクリュタイムネストラまで、自分の手にかけて殺しました。

英雄神話の時期に相当すると思われる青銅時代の盛期が、ミュケネ時代と呼ばれていることからも分かるように、ミュケネは当時のギリシアで、「首府」と呼んでもよいと思われる、中心的な位置を占めていた都市でした。ギリシア神話ではそのミュケネを舞台にして、ペロプスがオイノマオスを惨死させてヒッポダメイアを妻にした出来事の余波として、血腥いと言うほかない事件が、英雄時代のあいだに絶えまなく、相次いで起こったことになっているのです。

日本神話ではオホクニヌシは、スサノヲが根の堅州国でいっしょに暮らしていた彼の娘のスセリビメを妻にして地上に連れ帰ったことで、娘に猛烈な執着を持っていたスサノヲにいったんはすんでのところで焼き殺されそうになったほど、激しい対立をしました。ですが彼はけっきょく、実際はスサノヲに殺されず、また逆に彼の方がスサノヲを殺すこともせずに、最後には義父になることを承知したスサノヲから、愛情のこもった祝福の言葉をかけられ、スサノヲのもとからスセリビメを妻にして連れ帰っただけでなく、スサノヲの宝だった大刀と弓矢と琴を持って地上に帰りました。そしてスサノヲから受けてきた命令に従って、これらの宝器の力によって、それまで彼が地上の支配者になるのを妨害していた八十神たちをたちまち一掃して、そのあとに豊かな国土を建設する「国作り」の話が展開されます。この話とギリシアで英雄神話の中核として語られている、肉親と夫婦のあいだで、まさに凄惨きわまりない殺し合いの連続する話のあいだには、雲泥の差と言うほかない対称的な違いがあります。スサノヲは「国作り」を命じ、それをオホクニヌシが言われた通りに実現するのを助けたことで、この国を人々が豊かな稲の実りをふんだんに享受できる、瑞穂の国に作り上げるために、不可欠だった貢献を果したことになっているわけです。

12 抵抗の末に「国譲り」し、丁重な扱いを受けることになったオホクニヌシ

「国作り」が完成すると、天からその見事にでき上がった国を見てアマテラスは、「この国は私の子のマサカツアカツカチハヤヒアメノオシホミミの命が、支配せねばならない」と言いました。そしてスサノヲとウケヒによる子産みをしたときに、大御神が左の角髪に巻きつけていた曲

玉の飾りから誕生した長子のオシホミミの命を、そのために下界に降りて行かせようとしました。そうするとオシホミミは、地上に降りるための通路だった天の浮橋の上に立って下界を見て、「豊葦原の千秋長五百秋の水穂国は、いたく騒ぎてありなり」と言い、天に帰ってそのことをアマテラスに報告しました。つまり下界には確かに、来る年ごとに稲がふんだんに実る豊かな国があるが、そこには乱暴な土地の神たちが大勢いて、自分が降りて行って支配できる状態ではないと言ったというのです。

そこで天からはまず、アマテラスがスサノヲとウケヒによる子産みをしたときに、オシホミミがアマテラスが左の角髪に巻きつけていた曲玉の飾りから生まれたのに続いて、右の角髪に巻かれていた曲玉の飾りから誕生したアマテラスの第二子のアメノホヒの命が、下界を平定するために地上に送られました。しかし、この神は地上でオホクニヌシにこびへつらって、三年経っても天に何の報告もしませんでした。そこで天の神々は次にアメノワカヒコという神に、アメノマカコユミという弓とアマノハハヤという矢を授けて、平定のために地上に派遣しました。しかし、この神も地上でオホクニヌシに対抗するどころか、すっかりてなずけられてしまって、オホクニヌシの娘のシタテルヒメという女神を妻に与えられました。そして国の支配を義父から自分が受け継ぐことができると思いこみ、八年経っても天に何の報告もしませんでした。

そこで天からアメワカヒコのもとに、使者としてキギシナナキメつまり名前をナキメというキジの女神が、送られることになりました。このキジの女神は天の神々から、アメワカヒコのところに行って、「なぜ地上を平定するために天から派遣されたのに、八年経っても何の報告もしないのか」と、問い質すように命じられ、天から降って来て、地上でアメワカヒコが住んでいた住居の門のところに生えていた桂の木の上に止まり、命令されてきた通りの詰問をアメワカヒコにしました。そうするとアメワカヒコは、かたわらにいたアメノサグメという女神から、「この鳥は鳴く声がよくないので、射殺しておしまいなさい」と言われ、天から授かってきた弓と矢でその雉を射殺しました。矢は雉の胸を貫通して、天の安の河の河原にアマテラスが、別名をタカギの神ともいうタカミムスヒの神といっしょに天の神々を集めているところにとどきました。タカギの神はそれで、羽に血が付いているその矢を手に取って、「これはアメワカヒコに与えた矢だ」と言って神々に見せ、それから「もしアメワカヒコが命令された通りに、反抗する乱暴な神を射た矢なら、この矢がアメワカヒコに当たることがないように。もし邪悪な思いを持って射たのなら、アメワカヒコがこの矢で死ぬように」と言って、その矢がそこを通り抜けて飛んできた穴から下界に投げ返すと、矢は朝まだ床に寝ていた、アメワカヒコの胸に命中して、アメワカヒコは死にました。

こうしてアメワカヒコの派遣もさんざんな失敗に終わったので、天からは地上を平定するための最後の死者として、タケミカヅチという名の強力な剣の神様が、オホクニヌシのもとに送られました。『古事記』によればタケミカヅチは、天から地上に降りるための乗物の役をする、アメノトリフネという船の神といっしょに、出雲のイナサの浜という所に降り、そこで剣をきっさきを上にして波の上に逆さまに刺し立てました。そしてその剣のきっさきの上にあぐらをかいて坐って、オホクニヌシに向かって、「アマテラス大御神とタカギの神に命じられて、あなたにお尋ねしに来ました。あなたがいま支配していられる葦原中国は、私の子が支配するべきだと、大御神は言われるのですが、このことについてあなたはどうお考えになりますか」と、質問をしました。そうするとオホクニヌシは、「そのことについては、私からお返事を申し上げることはできません。私に代わって息子のコトシロヌシが、お返事を申し上げるべきなのですが、鳥を狩りし魚を捕りに美保の岬に行っており、まだ帰って来ておりません」と、返答しました。それでアメノトリフネを遣わしコトシロヌシを呼んでこさせて質問をすると、コトシロヌシは父神に、「この国は謹んで大御神の御子に献上いたしましょう」と言い、乗っていた船を踏み傾けながら、普通とは逆の打ち方で柏手《かしわで》を打ち鳴らして、青々とした神聖な垣を生えめぐらせて、その奥に身を隠しました。

タケミカヅチはそこでオホクニヌシに、「あなたの子のコトシロヌシは『大御神の御子のご命令に従う』と申しましたが、まだほかに返事をさせねばならぬ子が、お有りですか」と尋ねました。オホクニヌシはそうすると、「もう一人タケミナカタという子がおります。そのほかには、返答を求めねばならぬ子はおりません」と言いました。そう言っているところに、大力を自慢にしているそのタケミナカタの神が、一〇〇〇人で力を合わせてやっと動かせるほどの大岩を、これ見よがしに手の指の上にさし上げ見せながらやって来ました。そして「私の国に来て、こそこそと物を言っているのはだれだ。力くらべをしよう。私の方が先に、お前の手をつかむぞ」と言いました。タケミカヅチがそれで手をつかませますと、その手はタケミナカタの手の中で、たちまち突き立っている氷の柱になり、そのあと剣の刃になりました。

そしてタケミナカタが怖じてたまらずにあとずさりすると、タケミカヅチは「今度は私がお前の手をつかむぞ」と言って、タケミナカタの手をまるで若い葦の芽のように握りつぶして投げ棄てました。それからタケミナカタが必死で逃げて行くのを、信濃の国の諏訪湖まで追って行き殺そうとしたので、タケミナカタは懸命に命乞いをして、「どうかわたしを殺さないでください。この土地以外の他の場所には参りませんし、私の父オホクニヌシの申すことに背くことは、けっしていたしませんから」と言い、「この葦原中国は、アマテラス大御神の御子に献上いたします」と言って、天から降りて来るアマテラスの子に、国の支配を任せることを承知しました。

タケミカヅチはそれで出雲に帰って来て、オホクニヌシに、「あなたの子のコトシロヌシとタケミナカタは、天から降りて来られる御子神を国の支配者にして、そのご命令に従うと申しました。あなたのご存念は、どうですか」と尋ねました。そうするとオホクニヌシは、「私の子の二柱の神の申しましたことに、私も違反はしません。この葦原中国はご命令の通りに、献上いたします」と言って、天から来る御子神に、国の支配を譲ることを承知しました。そしてそのあとに、こう付け加えて申しました。「ただ僕《あ》が住所《すみか》をば、天つ神の御子の天津日繼知《あまつひつぎし》らしめす、とだる天《あめ》の御巣如《みすな》して、底《そこ》つ石根《いはね》に宮柱《みやばしら》ふとしり、高天の原に氷木《ひぎ》たかしりて治《をさ》めたまはば、僕《あ》は百足《ももた》らず八十坰手《やそくまで》に隠《かく》りて侍《さもら》ひなむ。また僕が子等《こども》、百八十神《ももやそかみ》は、すなはち八重事代主神、神の御尾前《みをさき》となりて仕《つか》へ奉《まつ》らば、違《たが》ふ神はあらじ」。

つまり「国の支配は、天から来られるアマテラスの御子神にお任せしますが、ただ自分の住む場所を、御子神がそこで国の支配者であられる、天津日継ぎの御位に即かれる、壮大な御殿の通りに、地底の岩に太い宮柱を立て、高天の原まで屋根の飾りの千木を高く聳え立たせて、お作りください。そうすれば私は、その僻遠の地（出雲）に建てられる住居に隠れて住むことにします。また私の子どもの百八十柱の地上の神々は、コトシロヌシの神を後ろ楯にし、その導きに従ってお仕えしますので、天つ神の御子神のご命令に背く者はいないでしょう」と言ったというのです。

13　アマテラス大御神の慈悲心と、日本神話の特長

『日本書紀』では、このとき平定のために天から最後に地上に派遣されたのは、これもきわめて強力なフツヌシという剣の神と、それにタケミカヅチだったとされています。その一つの記事にはこの二神がオオナムチ（＝オオクニヌシ）に、「汝《いまし》、将《まさ》にこの国《くに》を以《も》て、天神《あまつかみ》に奉《たてまつ》らむや以不《いな》や」と尋ね、オオナムチからすぐに献上に承知するという返事が得られなかったので、いったん天に帰ってそのことを報告すると、アマテラスと共に天神たちの指揮を取っていたタカミムスヒ

が、あらためて二神を遣わして、オホナムチにねんごろな言葉を伝えさせたことが物語られています。それによるとタカミムスヒは、「今、汝《いまし》が所言《まうすこと》を聞くに、深く其の理《ことわり》有り」と言って、オホナムチが天からの使者たちに返答を渋ったことに、十分な理由があったことを認めた上で、オホナムチにこう伝えさせたというのです。

「夫《そ》れ汝が治《しら》す顕露《あらは》の事は、是吾孫治《これすめみましら》すべし。汝は以て神事《かみこと》を治すべし。又汝が住むべき天日隅宮《あまのひすみのみや》は、今供造《つく》りまつらむこと、即ち千尋の栲縄《たくなは》を以て、結ひて百八十紐《ももむすびあまりやそむすび》にせむ。其の宮を造る制《のり》は、柱は高《たか》く大《ふと》く、板は広《ひろ》く厚《あつ》くせむ。又田供佃《みたつく》らむ。又汝が往来《かよ》ひて海《わたつみ》に遊《あそ》ぶ具《そなへ》の為には、高橋・浮橋及び天鳥船、亦供造りまつらむ。亦天安河に、亦打橋造らむ。又百八十縫《ももむひあまりやそぬひ》の白楯造らむ。又汝が祭祀を主《つかさど》らむは、天穂日命、是なり」。

つまり天から降ろされる御子神に献上せよと言うのは、あなたがいま取りしきっていることのうちの、顕露つまり目に見える現世の統治のことで、神の事つまり目に見えぬ幽界の事象の裁量は、これまで通りあなたに任せる。そしてあなたの住む場所として、日の沈む国土の西の隅に、高く太い柱と広く厚い板を、長い頑丈な楮の縄で、何重にもしっかりと結び合わせて広壮な宮殿を造営した上に、田を作り、またあなたが海に往き来して遊ぶために立派な橋と船を作り、天上の天の安河にも、あなたのための橋を架ける。さらに頑丈な革を、いく重にも重ねて縫い合わせた、立派な白楯を作る。そしてそれらを用いて執行するあなたの祭祀は、天から最初に平定のために遣わされた、アマテラスの子のアメノホヒの命につかさどらせることにする」と、オホナムチにこんこんと説明させたというのです。

　そうするとオホナムチは畏まって、「これほどまでねんごろをきわめた天神のお言葉に、どうして違背することができるでしょうか」と言って、高天の原からの申し入れに承知しました。そして、「私が治めております現世のことは、どうか天つ神の御子が治められますように。私はしりぞいて、幽界のことをつかさどることにいたします」と言って、美しい曲玉の飾りを身に帯びて、永遠に姿を隠したと言われています。

　日本の神話にはこのように、オホクニヌシが立派に作り上げて統治していた葦原中国の支配を、天から降ろされるアマテラスの御子神に譲らせるための交渉でも、アマテラスとオホクニヌシのあいだに、長いあいだにわたって熾烈な葛藤があったことが物語られています。そのあいだオホクニヌシは、天からアマテラスの意思を伝えに彼のもとに次々に送られてきた者たちに、アメノホヒに対しては三年、アメカワヒコに対しては八年という長い期間にわたって、執拗な抵抗を続けた末に、けっきょく高天の原から最後に送られてきた、強力な使者の神たちの力には、逆らうことができず、国を御子神に綴って、自身は目に見える世界から姿を隠したことになっているわけです。

　だがそうしたことでオホクニヌシはけっして、偉大な神としての威信を、喪失したことになってはいません。国の支配を天から降ろされる御子神に譲って引退する代償としてオホクニヌシは、天からの御子神がそこで支配者の地位に即く宮殿と匹敵する立派な御殿を、『日本書紀』では「天日隅宮（そこで日の沈む国土の西の端に位置する宮）」と呼ばれている自分の住所として、造営してもらいました。そしてその上にさらに、それまでは天の神々の食物だった稲を育てるために、天上にだけ設けられていた田を、オホクニヌシのためにも作ってもらった上に、オホクニヌシが海に遊ぶための橋と船も作ってもらい、天上の河の安河にもオホクニヌシのために橋を架けてもらい、さらに革を何重にも縫い合わせた頑丈な白楯を作ってもらいました。そしてこれらを使ってするオホクニヌシの祭りは、天上から平定のために最初に遣わされて、オホクニヌシに手なずけられた、アマテラス大御神の子のアメノホヒの命が取りしきることになったのです。

このようにオホクニヌシは、アマテラスと激しい対立をした末にけっきょく、大御神の命令に従って、顕界の支配を天から降ろされるアマテラスの御子神に譲り、自身は引退して目に見えぬ幽界に姿を隠しました。だがそのあとも「天日隅宮」として壮大に造営される出雲大社に偉大な神として住み、天の神々からも至れり尽くせりの丁重な取り扱いを受け続けながら、出雲の国造となって彼の祭司の役をつとめるアマテラスの子のアメノホヒの命によって祭られることになったわけです。つまりこの場合にも日本神話の中で起こる偉大な神同士の葛藤は、前に検討したアマテラスとスサノヲ、またスサノヲとオホクニヌシの対立がそうであったようにどれほど激烈であっても一方が他方を完全に滅亡させて存在と価値を喪失させてしまうことにはならず、争いあった双方がそれぞれの偉大さを保ち続けて終わったことになっているわけです。自分に敵対するものを情け容赦せずに、残酷なやり方で殲滅する、他の神話の無慈悲な最高神たちと違って、自分にどんなひどいことをする相手も、罰するよりも無理矢理価値を認めてでも赦そうとする、慈悲心の化身のようなアマテラス大御神を、最高神として戴くことで日本神話は、世界の他の神話に類を見られぬ、このような真にユニークな特長を持っていることになったわけです。

あとがき

『古事記』と『日本書紀』に記されているわが国の神話では言うまでもなく、最高神の地位が、太陽の女神のアマテラス大御神によって占められています。しかもこの日本の最高女神であるアマテラス大御神は、他の古代神話で神々の王とされている男の最高神たちが、自分に敵対する者に対しては容赦せずに無慈悲な暴力を振るって戦い、必要なら虐殺し抹殺してしまうこともためらわないとされているのとは正反対に、徹底して慈悲深く、どんなひどいことをされても、罰するよりも許してやろうとします。ただ慈悲深さの所為でアマテラスは、殺害だけは許すことができず、無辜の殺害が犯されると、極端とも思われるやり方で、激しい嫌悪を表明せずにはいられないとされています。

それでこのような最高女神を持つことで日本神話には、他の古代神話には見られないユニークな特色があります。それは神々のあいだで激しい葛藤があっても、その争いが解決される過程で、対立する神の一方が価値と存在を否定されることが、怒らないということです。日本神話では対立し合う者もけっきょくは、お互いの価値を認め合って和解し、それぞれが相手にとって貴重な寄与を果たし合い、共存する関係になるとされているのです。

女神を信仰の主な対象として崇め、その有り難い働きを神話に語ることはわが国では、今から一万年以上も前の縄文時代の最古の時期にすでに始まっていました。そしてその縄文時代にすでに有り難い母神として、姿をさまざまな形で表わされて祭られていた古い女神の性質は、記紀の神話に出てくるいろいろな女神たちによって、びっくりするほどよく受け継がれています。それだけではなく、その縄文時代の母神は、そのことが意識されていなくても、じつは現在まで連綿として私たち日本人の心の中で、大きな位置を占め重要な役割を果たし続けてきているのです。

日本人は意識的あるいは無意識的な女神への篤い信仰を常に持ち、その信仰に基づいて行動し生きることを、歴史と生活のあらゆる局面で続けてきました。神話とほとんど無関係な暮らしをしているように見える、現代の日本人もじつは、自分ではそのことに気がつかずに、心の深層で強い働きを続けている女神の力で、動かされ生かされ続けているのです。それですから日本の今日までの歴史と文化は総じて言えば、日本人の女神信仰の成果であり産物であったと言っても、けっして過言ではないと思われるのです。

本書にはそのような日本人の女神信仰が、縄文時代にどのような形で発祥し、そのあと弥生時代また記紀の神話でどのように変化しながら、日本文化の本質そのものとして連綿として継承されてきたかを、現代の日本人の深層心理の内奥部まで分け入って探ることを試みた論考を、一冊の本にまとめてあります。

この本の第一章と第二章のもとになったのはそれぞれ、次の原題で初出した論考です。

第一章、原題「地母神信仰と縄文人」、雑誌『ユリイカ』、四九巻六号、二〇一七年三月、二五〇～二六九頁。

第二章、原題「翡翠の女神との結婚による国作りの完成」、第一八回縄文文化講座、二〇一三年九月、一三～二四頁（茅野市民会館）。

第三章の全体は、この本のために書き下ろしました。

これらの論を、一冊の本にまとめて上梓するためには、青土社書籍編集部の菱沼達也氏から、一方ならぬお世話と多くの貴重な御助言を頂きました。そのことを特記して、衷心から御礼を申し上げます。

平成二十九年十一月二十二日

吉田　敦彦

著者　吉田敦彦（よしだ・あつひこ）
1934 年生まれ。東京大学大学院人文科学研究科西洋古典学専攻課程修了。フランス国立科学研究所研究員、成蹊大学文学部、学習院大学文学部教授を歴任。学習院大学名誉教授。専攻は比較神話学。著書に『日本の神話』『鬼と悪魔の神話学』『縄文の神話』『大国主の神話』『ギリシァ神話と人間』（以上、青土社）、『日本神話の源流』（講談社学術文庫）など。

女神信仰と日本神話

2017 年 12 月 20 日　第 1 刷印刷
2018 年 1 月 10 日　第 1 刷発行

著者——吉田敦彦

発行人——清水一人
発行所——青土社
〒101-0051　東京都千代田区神田神保町 1-29　市瀬ビル
［電話］03-3291-9831（編集）　03-3294-7829（営業）
［振替］00190-7-192955

印刷・製本——シナノ印刷

装幀——水戸部功

ISBN978-4-7917-7032-8　C0014